Christoph Ramstein

Im Leben und im Sterben

Christoph Ramstein

Im Leben und im Sterben

Der Philipperbrief - ausgelegt für die Gemeinde

Fromm Verlag

Impressum/Imprint (nur für Deutschland/ only for Germany)
Bibliografische Information der Deutschen Nationalbibliothek: Die Deutsche Nationalbibliothek verzeichnet diese Publikation in der Deutschen Nationalbibliografie; detaillierte bibliografische Daten sind im Internet über http://dnb.d-nb.de abrufbar.

Coverbild: www.ingimage.com

Contact:
International Book Market Service Ltd., 17 Rue Meldrum, Beau Bassin, 1713-01 Mauritius
Website: www.bookmarketservice.com
Email: info@bookmarketservice.com

Gedruckt in: USA, UK, Deutschland. Dieses Buch wurde nicht in Mauritius produziert.

Imprint (only for USA, GB)
Bibliographic information published by the Deutsche Nationalbibliothek: The Deutsche Nationalbibliothek lists this publication in the Deutsche Nationalbibliografie; detailed bibliographic data are available in the Internet at http://dnb.d-nb.de.

Cover image: www.ingimage.com

Contact:
International Book Market Service Ltd., 17 Rue Meldrum, Beau Bassin, 1713-01 Mauritius
Website: www.bookmarketservice.com
Email: info@bookmarketservice.com

Printed in: U.S.A., U.K., Germany. This book was not produced in Mauritius.

ISBN: 978-3-8416-0137-7

Inhaltsverzeichnis

Vorwort

Liebe Leserin,
Lieber Leser,

Sie spüren da und dort bei der Lektüre dieser Predigten zum Philipperbrief von Paulus etwas vom Lokalkolorit. Die Predigten fanden hier in der Baselbieter Kirchgemeinde Lausen (Schweiz), in der ich seit 17 Jahren als Pfarrer arbeite, wohlwollende Aufnahme. Das gibt mir den Mut, sie mit dieser Publikation auch einem weiteren Publikum zugänglich zu machen. Der Titel *Im Leben und im Sterben* bezieht sich auf die Worte von Paulus, die ich in der vierten Predigt ausgelegt habe. Der Anklang an die erste Frage des Heidelberger Katechismus ist gewollt. Ich meine, dass der Philipperbrief vor uns einen gewaltigen Horizont aufspannt, der unser Leben in dieser Welt mit seinen schillernden Facetten umfasst – und uns gleichzeitig aufdeckt, was uns als Einzelne und als Gemeinschaft im Leben und im Sterben wirklich hält und trägt. Paulus spitzt es so zu: *Denn Christus ist mein Leben und Sterben ist mein Gewinn.*

Diesen Predigtband widme ich unseren drei Söhnen Darius, Timon und Elias, allen Mitgliedern unserer Kirchgemeinde und Kantonalkirche wie auch Ihnen allen als Leserinnen und Lesern. Die Bibeltexte sind in aller Regel der Lutherübersetzung entnommen. Auf einen wissenschaftlichen Apparat habe ich bewusst verzichtet. Für eine vertiefte Beschäftigung verweise ich auf die zahlreichen Kommentare wie auch auf die reichhaltige Dissertation von Peter Wick: Der Philipperbrief (1994).

Mit den besten Wünschen und mit freundlichen Grüssen

Christoph Ramstein

Lausen, im Sommer 2011

Im Dienst für Christus

Paulus und Timotheus, Knechte Christi Jesu, an alle Heiligen in Christus Jesus in Philippi samt den Bischöfen und Diakonen: Gnade sei mit euch und Friede von Gott, unserm Vater, und dem Herrn Jesus Christus! (Philipper 1,1-2)

Liebe Gemeinde,

„im Dienst für Christus“. Darüber möchte ich heute reden. Einerseits im Blick auf Paulus, Timotheus und die christliche Gemeinde in Philippi. Andererseits im Blick auf uns. „Im Dienst für Christus“ – wir können das mit diesem Briefanfang in vierfacher Hinsicht beleuchten:

1. Der Dienst für Christus geschieht in Gemeinschaft

„Paulus und Timotheus“. Viele Christen denken zwar an Paulus, aber kaum an seine vielen Mitarbeiter, an die Männer und Frauen, die sich mit ihm zusammen für die Verbreitung der guten Nachricht von Jesus eingesetzt haben. Paulus als Einzelkämpfer. Paulus als Pioniermissionar. Paulus als Schreibtischtäter. Paulus als grosser Redner usw. So stellen wir uns den Apostel vor. Doch das Bild, das uns die Apostelgeschichte und auch die Paulusbriefe an Einzelne und Gemeinden enthüllen, ist ein ganz anderes. Paulus steht, lebt und dient in Gemeinschaft. Paulus arbeitet zusammen mit verschiedenen Mitarbeitern. Er ist nicht Solochrist, sondern Gemeinschaftstäter. Paulus geht nicht alleine auf seine Missionsreisen. Er kennt die Verheissung und Kraft der Zweierschaft. Deshalb geht er zusammen mit Barnabas und später gemeinsam mit Silas. In Korinth gründet er in enger Zusammenarbeit mit Aquila und Priszilla die christliche Gemeinde. Einmal ist sogar von sieben Mitarbeitern aus verschiedenen Gemeinden die Rede, die mit Paulus unterwegs waren (Apg 20,4). Und so heisst es hier am Anfang des Philipperbriefs: „Paulus und Timotheus“. Der Dienst für Christus ist ein gemeinsamer Dienst. Es ist kaum zufällig, dass ja auch Christus selbst seine Jünger zu zweit ausschickte. Die Jünger und Apostel haben das mit einer bewundernswerten Konsequenz weitergeführt. So tauchen zuerst in der Apostelgeschichte Petrus und Johannes in enger Dienstgemeinschaft miteinander auf. Ja, wenn wir die ganze Apostelgeschichte lesen, dann ist das alleinige Auftreten von Jüngern oder Aposteln nicht die Regel, sondern die grosse Ausnahme. Wie wäre es, wenn wir unseren Dienst für Christus nicht als Einzelkampf, sondern als Gemeinschaftsunternehmen verstehen und gestalten würden?

2. Der Dienst für Christus geschieht in der Nachfolge Christi

Wer bin ich? Wie würde ich mich vorstellen? Was ist mein Selbstverständnis? „Paulus und Timotheus, Knechte Christi Jesu“ – so sehen sich die beiden selbst. So stellen sie sich am Briefanfang vor. Wie stellen wir uns vor, wenn wir nur wenig über uns sagen können? Mit unserem Namen – sicher. Aber dann? Was würden wir dann über uns selbst sagen? Nennen wir unseren Beruf, unsere Herkunft, unsere Projekte, unsere Erfolge, unsere Fehler, unsere Visionen? Die beiden hier stellen sich schlichter vor: als Diener, als Knechte, als Sklaven Jesu Christi. Das heisst: sie verbinden ihr eigenes Leben und die Gestaltung ihres Lebens mit Jesus Christus. Und zwar in doppelter Hinsicht. Diener, Knecht, Sklave – das war ja Jesus selbst. So könnte man ihn selbst beschreiben. In dieser Einstellung und Haltung hat er sich uns Menschen genähert. Das war seine Motivation. Im Kern des Markusevangeliums sagt Jesus über sich, er sei „nicht gekommen, um sich dienen zu lassen, sondern um zu dienen“ (Mk 10,45). Das war sein Leben und sein Lebensinhalt. Darum ging es in seinem Leben, Leiden, Sterben und auch in seiner Auferstehung. Er verzichtete auf seine Privilegien, indem er Mensch wurde. Genau das sagen die beiden Schreiberlinge in der Mitte des Briefes an die Christen in Philippi, als sie ein damals bekanntes Kirchenlied zitieren: Jesus selbst war der Diener schlechthin. Wenn sich nun die beiden selbst als Diener bezeichnen, sagen sie damit schon: unser Leben steht unter dem gleichen Vorzeichen wie das von Jesus. Es steht unter dem Vorzeichen des Dienstes für andere und für Gott. Und das nicht gezwungenermassen, sondern freiwillig! Wir sind Diener dessen, der selber der Diener par excellence war. Wir gehören nicht uns selbst, sondern ihm. Unser eigenes Leben verstehen wir in dieser Linie – als Fortsetzung des Dienstes von Jesus. Das stellt uns natürlich die Frage: denken wir wirklich so über unser Leben? Mein Leben als Dienst? Ich selber als Diener gemeinsam mit meinen Mitchristen? Natürlich kann man jetzt ablenken und sagen oder denken: was für Paulus gilt und für Timotheus gilt – das gilt sicher nicht für mich. Das waren schliesslich Apostel und ich bin ja nur eine gewöhnliche Christin, ein gewöhnlicher Christ. Die beiden machen aber gerade in diesem Brief deutlich, dass die ganze christliche Gemeinde mit allen ihren Gliedern von Jesus her ihren Alltag leben und gestalten soll – nicht nur ein paar Auserwählte und Erlauchte. Mein Leben, unser gemeinsames Leben als Dienst für Christus – von ihm her – zu ihm hin. Und dann unseren Alltag in Familie und Beruf, in Politik und Wirtschaft, in Bildung und Betrieb unter diesem Vorzeichen sehen: hier kann ich, hier können wir Christus dienen. Wir müssen nicht unbedingt etwas anderes tun, aber vielleicht das, was wir tun, anders tun. Eben: unter dem Vorzeichen dieses Dienstes für Christus.

3. Der Dienst für Christus geschieht in verschiedener Ausprägung

Paulus und Timotheus, Knechte Christi Jesu, an alle Heiligen in Christus Jesus in Philippi samt den Bischöfen (gr. episkopoi) und Diakonen. Das sind wir ja nicht gewöhnt, dass gewöhnliche Christen als Heilige angesprochen werden. Nicht nur ein paar Mütter Theresa und Brüder von der Flüh (und Konsorten), nach unserer Einschätzung unmöglich zu erreichende, vorbildliche Christen – nein: die ganze Gemeinde mit allen ihren Gliedern, wird so angeredet: „Heilige". Gemeint ist, wie Paulus in einem anderen Brief ausführt (1. Kor 1,30), nicht eine besondere eigene Leistung, eine frommes Parforce-Anstrengung sozusagen, sondern ein Wirken von Gott, von Christus, vom Heiligen Geist in unserem Leben, das dann natürlich, wenn es wirklich echt und nicht nur Geschwafel ist, auch unsere Lebensgestaltung, unser Wandeln und Handeln berührt und prägt. Heilig nicht als etwas, das wir selbst wirken, sondern was Gott an uns, in uns und durch uns wirkt. Nicht wir strengen wir uns wahnsinnig an, sondern wir geben Christus Raum in unserem Leben – das ist gemeint hier. Deshalb sagt er ja von allen Heiligen in Christus Jesus in Philippi. Noch ein zweites wird sichtbar: Die Gemeinde hier ist scheinbar kein basisdemokratischer Haufen mehr. Sie weist eine Struktur, eine Ordnung auf. Zumindest von zwei verschiedenen Ämtern oder Diensten ist hier schon die Rede: Episkopen und Diakone werden erwähnt. Offenbar handelt es sich dabei um Menschen, die in der christlichen Gemeinde Verantwortung übernommen haben. Was in aller Welt sind aber Episkopen? Das Wort ist zusammengesetzt aus zwei Teilen: „auf, über, an, bei" und „den Blick richten auf, achten auf". Wenn wir das zusammenfügen, dann sind es Christen, die Verantwortung tragen, indem sie auf andere achten, sich um andere kümmern. Ein Dienst also, der offenen Augen und offene Herzen braucht. „Seelsorgerliche Leitungsverantwortung mit Überblick" – so möchte ich diesen Dienst einmal nennen. Später wurde das gleiche Wort mit Bischof übersetzt und pro Ort gab es dann aber nur noch eine Person, die diesen Dienst ausführen sollte. In Philippi aber gab es *mehrere* Episkopen.
Ich frage: Brauchen wir nicht auch in unseren Kirchen und Gemeinden *mehrere* Personen, die sich gerne um Menschen kümmern, Verantwortung übernehmen und den Überblick behalten?

Von Diakonen haben wir eine präzisere Vorstellung. Jemand, der praktisch dient, handfest dient – mit Schraubenzieher, Kochkelle und Geldbeutel. In der Apostelgeschichte ist die Rede von sieben Diakonen, die von der Gemeinde in Jerusalem berufen wurden. Ihre Aufgabe: die Witwen der Gemeinde mit dem Lebensnotwendigen versorgen – Güter und Gelder verteilen also. Von Christus beflügelte und motivierte Sozialarbeit. Auch das braucht es. Christen, denen das Wohlergehen anderer Christen – und zwar nicht nur das geistliche, sondern auch gerade das ganz praktisch-alltägliche Wohlergehen inkl. Kindererziehung, Möblierung einer Wohnung, Erarbeiten von Budgets und Steuererklärungen, Stellensuche etc am Herzen liegt.

Dazu braucht man nicht einmal zwingend ein Amt. Das kann man auch in aller Stille tun. Wohl denen, die hier Herz und Kraft investieren.

4. Der Dienst für Christus geschieht in Abhängigkeit von Gott

Nach Absender und Empfänger des Briefs folgt der Segenswunsch. Die beiden Schreiberlinge wissen es ganz genau: Gottes Segen tragen wir nicht einfach mit uns wie einen esoterischen Glücksbringer. Das ist unmöglich. Nicht wir verfügen über Gott. Im besten Fall stellen wir uns ihm zur Verfügung – und er verfügt über uns. „An Gottes Segen ist alles gelegen." Der Dienst für Christus geschieht in Abhängigkeit. In diesem Wissen: wir sind angewiesen auf Gottes Segen, auf seine Gnade, auf seinen Frieden. Auf dem Hintergrund des hebräischen Schalom meint dieser Friede Wohlergehen im umfassenden Sinn. Gottes Gnade meint: das, was uns am Leben erhält, unser Leben fördert und trägt, kann nicht gekauft und nicht erkrampft werden – wir erhalten es als Geschenk – und zwar Gott selbst. Gnade meint auch: die Gemeinschaft mit Gott, die uns das Evangelium von Jesus Christus erschliesst, ist keine Selbstverständlichkeit. Nein, sie ist ein unverdientes Geschenk. Im Dienst sind die Philipper, sind Paulus und Timotheus, sind wir alle angewiesen auf Gott, der uns gnädig ist und uns Frieden schenkt. – Ja, was wünschen wir unseren Angehörigen und Mitchristen? Wünschen wir ihnen Gnade und Frieden von Gott und Christus?

Ich fasse zusammen. Christus dienen meint:

Dass wir unser Leben als Dienst sehen, unter dem Vorzeichen von Jesus sehen, diesen Dienst in Gemeinschaft mit anderen Christinnen und Christen leben, vielfältige Formen dieses Dienstes anerkennen und wissen, dass wir mit allem, was wir sind und haben, tun und lassen, auf Gottes Gnade und auf seinen Frieden angewiesen sind.

AMEN!

Konkrete Indizien für Gemeinschaft

Ich danke meinem Gott, sooft ich euer gedenke – was ich allezeit tue in allen meinen Gebeten für euch alle, und ich tue das Gebet mit Freuden –, für eure Gemeinschaft am Evangelium vom ersten Tage an bis heute; und ich bin darin guter Zuversicht, dass der in euch angefangen hat das gute Werk, der wird's auch vollenden bis an den Tag Christi Jesu. Wie es denn recht und billig ist, dass ich so von euch allen denke, weil ich euch in meinem Herzen habe, die ihr alle mit mir an der Gnade teilhabt in meiner Gefangenschaft und wenn ich das Evangelium verteidige und bekräftige. Denn Gott ist mein Zeuge, wie mich nach euch allen verlangt von Herzensgrund in Christus Jesus. Und ich bete darum, dass eure Liebe immer noch reicher werde an Erkenntnis und aller Erfahrung, sodass ihr prüfen könnt, was das Beste sei, damit ihr lauter und unanstößig seid für den Tag Christi, erfüllt mit Frucht der Gerechtigkeit durch Jesus Christus zur Ehre und zum Lobe Gottes. (Philipper 1,3-11)

Liebe Gemeinde,

so warm, so herzlich, so engagiert wie hier beginnt es selten. Aus diesen Zeilen, die durch einen persönlichen Postboten den Christen in Philippi überbracht wurden, sprechen viele Zeichen der Verbundenheit, viele Zeichen von starker Gemeinschaft von Christen über räumliche Grenzen hinaus. Ist das der christliche Normalfall, den wir hier vor uns haben? Ist das die Art von christlicher Gemeinschaft, die auch wir leben und erleben? Oder die wir zumindest erleben sollten?

Christen als Freunde! Da ist mehr als Geplauder, mehr als Nettigkeiten, mehr als oberflächlicher Austausch. Hier geht es um warme, echte, tiefe, herzliche, kostbare Gemeinschaft. Christsein als Freundschaft. Darüber müssen wir heute nachdenken, wenn wir diese Vorlage ernstnehmen wollen.

Doch zuerst etwas Tröstliches: Paulus beginnt nicht jeden Brief so warm, so herzlich, so engagiert. Seine Beziehungen zu Christen und christlichen Gemeinden sind nicht normiert, nicht uniformiert. In jedem Brief tönt es anders. Paulus hat von Jesus gelernt, auf Einzelne und Gruppe persönlich einzugehen. Nicht alle Christen und alle Gemeinden werden vom Ton her über einen Leisten geschlagen und über einen Kamm geschoren. So verschieden wie Menschen und Situationen sind, mit denen Paulus zu tun hat, so verschieden geht er darauf ein. Hier im Brief an die Christen in der Stadt Philippi schlägt der Apostel Paulus einen aussergewöhnlich herzlichen Ton an. Mit dieser Gemeinde war er besonders stark verbunden. Diese Gemeinde hatte er ja mit Silas zusammen gegründet. Sie war eines seiner „Kinder" sozusagen. Das ergibt eine besondere Beziehung. In Philippi war er nur kurze Zeit. Dort lernte er das lokale Gefängnis von innen kennen, aus dem er durch ein wundersames Erdbeben befreit wurde. Dort waren Lydia und der Gefängnisaufseher Mitglieder der christlichen Gemeinde. Paulus und Silas hatten ihnen den Weg zu Christus gebahnt.

Christen sind Freunde! So liegt es mir auf der Zunge, wenn ich diese Zeilen auf mich wirken lasse. Die Gemeinschaft zwischen Paulus und den Philippern ist sehr, sehr herzlich – trotz grosser räumlicher Distanz. Paulus sitzt ja wieder in Haft, diesmal wahrscheinlich in Rom. Vier Wochen Reise liegen zwischen Absender und Empfänger. Und trotzdem diese Verbundenheit. Keine A-Post, kein email, kein Handy – und trotzdem solch intensive Gemeinschaft.

Wie bringt Paulus seine Verbundenheit mit seinen Mitchristen in Philippi zum Ausdruck?

- DENKEN: Paulus denkt an die Christen in Philippi. Er muss sich nicht dazu zwingen. Es geschieht einfach. Sie sind ihm wichtig und darum wandern seine Gedanken immer wieder zu ihnen.
- DANKEN: Paulus dankt Gott, wenn er an die Philipper denkt. Seine Gedanken münden in Gebete und er beginnt mit Dank. Er dankt für seine Mitchristen.
- BITTEN: Paulus bittet für die Philipper. Fürbitte – er bittet für andere. Die Anliegen seiner Mitchristen macht er zu seinen eigenen und trägt sie vor Gott. Was bittet er? Ja, ich muss es zugeben, es sind für unsere Ohren ungewohnte Bitten: die Bitte um das Geschenk von Einsicht und Urteilsvermögen; die Bitte um wachsende Liebe. Es geht in seinen Bitten um qualitatives Wachstum im Leben der Christen und der Gemeinde.
- ENGAGIEREN: Paulus engagiert sich. Und die Philipper engagieren sich auch. Sie setzen sich gemeinsam mit Paulus für das Evangelium ein. Das Evangelium hat sie nicht träge und selbstbezogen gemacht, sondern zupackend und engagiert.
- VERTRAUEN: Paulus vertraut, dass Gott weiter seinen Weg mit diesen Christen geht und sie zum Ziel bringt. Sein Vertrauen zu Gott gibt ihm Gelassenheit. Er hat es nicht nötig, die Christen in Philippi am Gängelband zu führen. Der lebendige Gott wird das Angefangene selber zum Ziel bringen. Paulus hat gelernt, loszulassen im Vertrauen auf Gott.
- LIEBEN: Paulus hat diese Christen ins Herz geschlossen. Sie sind für ihn ganz besondere Menschen, die er herzlich liebt.
- ANTEIL NEHMEN UND –GEBEN: Das klingt hier ganz stark an. Paulus ist überzeugt, dass die Philipper Anteil haben an seinem Weg. Sie interessieren sich für ihn. Sie haben ihn unterstützt. Sie haben nachgefragt. Sie haben ihm einen Boten aus der Gemeinde geschickt. Sie wollen wissen, wie es Paulus geht. Und Paulus geht

darauf ein. Er berichtet, wie es ihm geht. Er kommuniziert Inhalte und Gefühle. Wir spüren ein lebendiges, gegenseitiges Anteilnehmen.

- SEHNEN: Paulus sehnt sich nach seinen Mitchristen.

Ich versuche, das in drei Anregungen zu bündeln:

1. BRÜCKE. Das Denken an seine Mitchristen wird Paulus zur Brücke, für diese zu danken und zu bitten. Das ist ein Ansatzpunkt, den auch wir nutzen können. Wenn wir an Menschen denken – das geht ja meist von selbst – diese Gedanken als Brücke zum Gebet nutzen. „Gott, segne diesen Menschen. Tue ihm oder ihr wohl. Gib ihr Einsicht, die richtigen Weichen zu stellen. Fülle sein Herz mit Liebe." Dies kann in wohltuender Kürze geschehen, wie wir es hier bei Paulus sehen.

2. EINSATZ. Christliche Freunde reden nicht nur miteinander, sondern sie tun etwas gemeinsam. Wie wäre es, wenn Freunde gemeinsam einen Dienst innerhalb oder ausserhalb der christlichen Gemeinde wahrnehmen. Das schweisst ungeheuer zusammen und vertieft die Freundschaft. Wie wäre es, wenn wir bei der Bildung von Dienstteams – auch in der Kirchgemeinde – den Freundschaftsaspekt stärker beachten würden? Menschen, die gerne zusammen sind, nehmen gleichzeitig gemeinsam einen Dienst wahr.

3. ANTEILNAHME. Die Philipper sind sehr praktisch in ihrer Anteilnahme. Sie schicken einen Boten mit Geld. Sie fragen nach. Sie wünschen Informationen. Sie wollen wirklich Anteilnehmen. Freundschaft hat viel mit dieser Anteilnahme zu tun. Lassen wir unsere Freunde unsere Anteilnahme durch praktische konkrete Zeichen spüren? Eine Grusskarte, eine email, eine Essenseinladung, ein Telefonanruf beispielsweise. Oder: Kinderhüten, Einkaufen für eine kranke Familie, einen Briefumschlag mit Geld für eine bedrängte Person in der Nachbarschaft (anonym ...) usw. Meine Beobachtung ist die, dass es zwar sehr viele gibt, die genau das von ihren Mitmenschen einfordern, aber selbst nicht bereit sind, sich in diesem Sinn einzusetzen. Jesus hat es anders vorgelebt. Paulus und die Philipper folgen hier seiner Spur.

So weit – so gut. Ein ansehnlicher Katalog. Wenn man das hört, könnte man kleiner und leiser werden. Ist etwa das mit der Praxis des Christseins gemeint, was in diesen Zeilen aufleuchtet? Wie sieht *unsere* Realität des Christseins und der Gemeinde im Licht dieser Verse aus?

Der Stachel dieser Verse sitzt. Sind wir Christen Freunde? Damit ich nicht missverstanden werde: ich habe nicht die Illusion, dass die über hundert Mitarbeitenden unserer

Kirchgemeinde oder gar die mehr als zweitausend Evangelischen vor Ort nun plötzlich Freunde werden, obwohl das sicher ein grosser und schöner Gedanke ist. Aber dass unsere Kirchgemeinde ein Ort ist und noch mehr ein Ort wird, an dem Freundschaft unter Christen gelebt wird, an dem Gemeinschaft konkret und greifbar wird – das hat vielleicht mit Träumen, aber nicht mit Illusionen zu tun. Doch Hand aufs Herz: Können wir mit mehr als zehn bis zwanzig Personen wirklich befreundet sein, enge und tiefe Gemeinschaft haben? Sicher ist das von Person zu Person verschieden. Aber wir sind heute herausgefordert, uns darüber Gedanken zu machen: Welche Christen sind meine Freunde? Und: wie engagiere ich mich für sie und mit ihnen zusammen?

Vieles von dem, was Paulus hier schildert, hat den Charakter von Freundschaft. Freundschaft lässt sich nicht verordnen oder befehlen. Aber wir können uns sehr wohl dafür einsetzen, dass Freundschaften unter uns wachsen und reifen. Wagen wir diese Perspektive: das Christentum als Bewegung von Freunden und Freundinnen, als Bewegung der Freundschaft!

In der neutestamentlichen Forschung geht man davon aus, dass die christlichen Gemeinden zu dieser Zeit zwischen 20 und 50 Personen umfassten. Ein überschaubarer Rahmen für das Ausleben von Freundschaften. Freunde hat man ja nicht zu Hunderten. Aber dann in dieser Grössenordnung christliche Gemeinschaft als Ort der Freundschaft leben. Je grösser eine christliche Gemeinde ist oder wird, desto nötiger sind überschaubare Zellen der Freundschaft und Gemeinschaft.

Zum Abschluss eine Frage, die mich schon länger beschäftigt: Sind denn die sogenannten Hauskreise und Gesprächsgruppen im Raum der Kirche solche Orte der Freundschaft und Gemeinschaft? Ich fürchte, dass beispielsweise ein Hauskreis langfristig zur Unmöglichkeit wird, wenn er nicht von Freundschaft getragen wird. Was aber ist, wenn Menschen über Jahre in einer kleinen Gruppe zusammen sind, die gar nicht Freunde werden *wollen*? In einem solchen Fall halte ich zeitlich begrenzte Kurse für die geeignetere Form von Zusammensein und gemeinsamem Lernen. Wer aber tragfähige Gemeinschaft wünscht und erhofft und erwartet, der muss auch bereit sein, sich auf das einzulassen, was Paulus hier beschreibt. Bei Freundinnen und Freunden sind Liebe, Sehnsucht und Anteilnahme ja nicht etwas, das man – aus christlichen Pflichtgefühlen womöglich - tun sollte oder müsste. Sondern eher etwas, das man tut, weil man es tun will. Es kommt von innen heraus. Es gehört zum Wichtigen und Unbedingten. Und: es geschieht unkompliziert. Genau das, meine ich, beschreibt der Apostel Paulus hier.

AMEN!

Hilfreiche Schwierigkeiten …

Ich lasse euch aber wissen, liebe Brüder: Wie es um mich steht, das ist nur mehr zur Förderung des Evangeliums geraten. Denn dass ich meine Fesseln für Christus trage, das ist im ganzen Prätorium und bei allen andern offenbar geworden, und die meisten Brüder in dem Herrn haben durch meine Gefangenschaft Zuversicht gewonnen und sind umso kühner geworden, das Wort zu reden ohne Scheu. Einige zwar predigen Christus aus Neid und Streitsucht, einige aber auch in guter Absicht: diese aus Liebe, denn sie wissen, dass ich zur Verteidigung des Evangeliums hier liege; jene aber verkündigen Christus aus Eigennutz und nicht lauter, denn sie möchten mir Trübsal bereiten in meiner Gefangenschaft. Was tut's aber? Wenn nur Christus verkündigt wird auf jede Weise, es geschehe zum Vorwand oder in Wahrheit, so freue ich mich darüber. Aber ich werde mich auch weiterhin freuen.
(Philipper 1,12-18)

Liebe Gemeinde,

Hilfreiche Schwierigkeiten. Segensreiche Schwierigkeiten. Gibt es das überhaupt? Oder ist das schöngefärbt? Ist es blauäugig, naiv und unrealistisch, so zu reden? Schwierigkeiten, die helfen, die uns und andere weiterbringen. Schwierigkeiten, die Chancen sind. Schwierigkeiten, die unsere Persönlichkeit reifen lassen. Schwierigkeiten, die im tiefsten Grunde Segen stiften.

Konkret: Paulus ist in Gefangenschaft. Zwar ist es keine Kerkergefangenschaft, sondern eher eine für damalige Verhältnisse milde Haftzeit mit einschneidenden Einschränkungen der persönlichen Freiheit. Immerhin, den Kerker kannte er ja auch aus eigener Anschauung. Zum Beispiel den von Philippi. Die Apostelgeschichte berichtet, wie ihn Gott da mit einem wundersamen Erdbeben herausholte. Doch auch hier – wahrscheinlich in Rom oder eventuell in Ephesus bleibt eine milde Haft trotzdem eine Haft. Da hilft weder Schönfärberei noch Blauäugigkeit. Paulus ist in Gefangenschaft.

Wenn wir da einen Moment in Gedanken eintauchen: ich bin in Gefangenschaft. Ich werde überwacht. Ich kann mich nicht frei bewegen. Ich bin eingeschränkt in meiner Mobilität und in meinen Beziehungen. Ich kann nicht meiner geregelten Arbeit nachgehen. Wie wäre das für mich? Wie ginge es mir dabei?

Paulus ist gefangen. Kein Trick hilft ihm, das zu übersehen. Seine Fesseln sind real. Der Gefängniswärter ist real. Die Einschränkungen sind real. Das gefällt mir an Paulus. Er ist

Realist. Er erträgt die Härte des Lebens. Er täuscht sich nicht – auch nicht mit einem frommen Trick – über die schwierigen Realitäten hinweg, in denen er lebt. Ja, da sind seine Fesseln. Ja, da sind Menschen, die ihm das Leben schwer machen. Es sind sogar Verkündiger des Evangeliums, die ihm absichtlich das Leben schwer machen. Paulus sieht diese Realitäten, sieht die garstigen Elemente seines Lebens.

Und da öffnet sich ihm die Realität Gottes in der Härte der Realität dessen, was er erlebt. Die Schwierigkeit als Chance. Die Krise als Chance. Nun, fast jedes Management- oder Selbsthilfebuch auf meinem Bücherschaft kennt das. Mit einer positiven Perspektive und Einstellung die Probleme überwinden und meistern. Nur schaffen wir das nicht immer aus eigener Kraft. Genau hier setzt die Erfahrung von Paulus ein, dass Gottes Kraft in unserer Schwäche einsetzen und ansetzen kann. Das hat mit dem innersten Kern des Glaubens zu tun. Glauben meint: Vertrauen auf den sehr lebendigen und realen Gott. Wer mit diesem Gott lebt und mit seiner Realität rechnet, der ist an einer Kraftquelle angeschlossen. Wenn wir das nur sehen könnten in unseren schwierigen Situationen! Wenn wir das nur nicht so schnell aus den Augen verlieren würden! Die realen Schwierigkeiten werden so nicht übertüncht, verdrängt oder beschönigt. Sie werden aber durch Gott ins richtige Licht und in die angemessene Perspektive gerückt.

Paulus sieht beides: er sieht sich als das, was er ist – als Gefangener. Und er sieht doch mehr als unsere Augen sehen können. Er kennt die Kraft des lebendigen Gottes, der seine Schwierigkeiten durchdringt und ihm Kraft gibt, sie zu ertragen. Er weiss um die Realität des lebendigen Gottes, der aus Schwierigkeiten heraus Grossartiges hervorbringen kann. Er erträgt nicht nur seine Gefangenschaft und seucht sich sozusagen mit positivem Denken durch – was ja auch schon etwas wäre. Durch dieses Wissen um und das Vertrauen zum lebendigen Gott wird die eigene Schwierigkeit zur offenen Türe: zur Möglichkeit für Gott und sein Reich.

Mich beeindruckt in diesem Zusammenhang die Geschichte von Josef aus dem ersten Buch des Alten Testaments. Ein Herrensöhnchen und altkluger Jüngling. Dann die Härte: verkauft von seinen Halbbrüdern in die Sklaverei. Untendurch und dann wieder aufwärts. Ein scharfer Karriereknick durch eine verweigerte Affäre. Ins Gefängnis. Dort wieder langsam aufwärts. Dann mit einer steilen Fügung auf den Platz des Premierministers von Ägypten. Was ist seine Lehre, die er daraus gezogen hat? „Ihr gedachtet es böse zu machen, aber Gott gedachte es gut zu machen!“ Dies sagt er seinen Brüdern. Er hat die Tiefen des Lebens kennen gelernt. Er hat die Bosheit seiner Brüder am eigenen Leib erlebt. Menschen aus seiner Familie, die ihn in die Unfreiheit ausgeliefert haben, die ihn der Schutzlosigkeit preisgegeben haben. Und dann diese

Ruhe, diese Gelassenheit, dieses Wissen, dieser Glaube. Der lebendige Gott hat sich stärker erwiesen, hat die Bosheit von Menschen zum Segen gewendet.

Wenn wir das nur so sehen könnten: meine Krankheit – schwer oder leichter, meine Prüfungen, meine Gefühlstäler, meine Ernüchterung über mich und andere Christen, mein Versagen, meine Misserfolge – das alles ist real. Und deshalb ist es ist eine Gelegenheit Gottes in unserem Leben. Gott beginnt mit uns immer dort, wo wir tatsächlich stehen. Wenn ich mit meinem Latein am Ende bin, dann kann ich lernen, *sein* Latein zu buchstabieren. Wenn meine Kraft am Ende ist, dann ist da seine Kraft, die mich trotzdem tragen kann. Gott kennt meinen Weg, auch wenn ich nicht mehr weiter weiss.

Bei Paulus sieht das so aus. Seine Gefangenschaft müsste eigentlich ein Hindernis sein für das, was seine eigentliche Aufgabe ist. Er will ja im Auftrag Christi das Evangelium rund um den Globus tragen. Und jetzt ist er in Fesseln im Gefängnis. Schachmatt. Ausser Gefecht. Und dann diese Erfahrung: mein Gefängnisaufenthalt hindert das Evangelium nicht – im Gegenteil. Es fördert den Lauf dieser Botschaft. Wie aber soll das gehen???

1. Es wird bekannt, dass Paulus nicht ein Verbrechen begangen hat und deshalb gefangen ist. Er ist wegen seinem Glauben inhaftiert. Das liefert Fragen und Gesprächsstoff. Das Christsein des Paulus wird zum Thema. Christus selber wird so zum Thema. Genau darum geht es ja in der Verkündigung. Also: Ziel erreicht!
2. Die Mitchristen merken, dass Paulus nicht abstürzt und klein beigibt. Sie sehen seine Standfestigkeit. Seine Überzeugung kommt auf den Prüfstand durch die Gefangenschaft. Er besteht die Bewährungsprobe. Er kann auch unter diesen Schwierigkeiten zu Gott, zu Christus und zu seiner Aufgabe stehen. Das macht seinen Mitchristen Mut. Sie wissen um die Quelle dieser Kraft. Sie sehen, dass der Glaube sich in diesen Schwierigkeiten bewährt und hält. So werden sie kühner, auch selber unbefangen zu ihrer Überzeugung, zu ihrem Meister zu stehen.

Nun kommt Paulus auf eine Sache zu sprechen, die mir - ehrlich gesagt - ziemlich auf den Magen schlagen würde, wenn ich das so erleben müsste. Die Sache ist die: Christus verkünden ist das eine. Aber mit welcher Motivation tun wir das? Was treibt uns dazu an? Diese Frage betrifft natürlich jeden Verkündiger, jede Verkündigerin – daher auch mich: Weshalb tust du das eigentlich? Was ist die Triebfeder zu diesem Tun? Natürlich kann man als Christ und auch als Pfarrer dazu einen schönen Satz produzieren. Aber stimmt das wirklich, was wir antworten würden? Stimmen unsere Worte mit unseren Motiven überein?

Paulus überzeugt mit seiner Ehrlichkeit und Nüchternheit. Christus bekanntzumachen ist für ihn elementar und seine Botschaft weiterzutragen ist für ihn zentral. Auch viele andere Christen teilen sich mit ihm diese Aufgabe und Bewegung, die der Gekreuzigte und Auferstandene selbst ausgelöst hat. Aber die Motive dazu können erfreulich oder traurig sein. Es ist möglich, Christus zu verkünden – angetrieben von Neid und Hader, aus Streitsucht und Schadenfreude. Paulus hält dies als Möglichkeit aufrecht. Es ist möglich, korrekt und orthodox und positiv und erwecklich und pietistisch Christus zu verkünden – und die Motive dafür sind alles andere als lauter und rein. Und es ist auch möglich, liebevoll und lauter, geradlinig und ehrlich von Christus zu reden und sich so für ihn zu exponieren. Mein Reflex wäre folgender – und vielleicht geht es anderen auch so: bei den ersten – mit den problematischen Motiven - wäre es doch besser, sie würden schweigen. Durch die fehlende Entsprechung und Übereinstimmung ihres Leben mit der Botschaft, die sie verkünden, schaden sie doch dem Glauben und der Kirche mehr als sie nützen. Mich verblüfft es, wie anders Paulus damit umgeht.

„Was tuts aber? Wenn nur Christus verkündigt wird auf alle Weise, es geschehe zum Vorwand oder in Wahrheit, so freue ich mich darüber und will mich auch fernerhin freuen." (Luther)

„Aber was macht das? Auch wenn sie es mit Hintergedanken tun und nicht aufrichtig – die Hauptsache ist, dass Christus auf jede Weise bekanntgemacht wird. Darüber freue ich mich, und ich werde mich auch künftig freuen." (Gute Nachricht)

Paulus, weshalb kannst Du so gelassen und grosszügig sein? Darüber habe ich gerätselt. Ist das nicht fahrlässig, wenn Du diese problematischen Motive durchgehen lässt – in einem offiziellen Brief an eine christliche Gemeinde?

Nach längerem Nachdenken versuche ich es so zu verstehen: Für Paulus ist die Botschaft von Christus stärker als der Mensch, der sie verkündigt. Gott kann die Verkündigung auch dann einsetzen und gebrauchen, Menschen treffen und verändern, wenn die Motivlage des Predigers mehr als problematisch ist. Paulus setzt sein Vertrauen auf Christus selbst, der dort wirkt, wo sein Name genannt, seine Taten verkündigt, seine Worte weitergegeben, sein Tod und seine Auferstehung bekannt gemacht wird. Der Blick geht vom Verkündiger zu Christus selbst.

Paulus gibt uns hier eine wichtige Erkenntnis zu bedenken. Wie schnell sind wir doch dabei, nicht nur Worte und Taten, sondern auch die Motive anderer Menschen, die Motive unserer Mitchristen zu beurteilen. Ja, Paulus tut es ja selbst hier auch. Er benennt die unlauteren

Motive. Aber er bleibt nicht dabei stehen. Nicht diese Motive sind sein Thema, sondern Christus. Und deshalb kann er trotz dem Wissen um die Motivlage gelassen und grosszügig sein. Christus erweist sich als stärker, stärker auch als unlautere Motive. Der Verkündigte ist stärker als der Verkündiger. Mir gibt das auf jeden Fall zu denken.

AMEN!

Perspektive für die Zukunft

Denn ich weiß, dass mir dies zum Heil ausgehen wird durch euer Gebet und durch den Beistand des Geistes Jesu Christi, wie ich sehnlich warte und hoffe, dass ich in keinem Stück zuschanden werde, sondern dass frei und offen, wie allezeit so auch jetzt, Christus verherrlicht werde an meinem Leibe, es sei durch Leben oder durch Tod. Denn Christus ist mein Leben und Sterben ist mein Gewinn. Wenn ich aber weiterleben soll im Fleisch, so dient mir das dazu, mehr Frucht zu schaffen; und so weiß ich nicht, was ich wählen soll. Denn es setzt mir beides hart zu: Ich habe Lust, aus der Welt zu scheiden und bei Christus zu sein, was auch viel besser wäre; aber es ist nötiger, im Fleisch zu bleiben um euretwillen. Und in solcher Zuversicht weiß ich, dass ich bleiben und bei euch allen sein werde, euch zur Förderung und zur Freude im Glauben, damit euer Rühmen in Christus Jesus größer werde durch mich, wenn ich wieder zu euch komme. (Philipper 1,19-26)

Liebe Gemeinde,

es steht auf Messers Schneide. Der Ausgang ist unsicher. Das Urteil ist noch nicht gesprochen.

Jetzt denkt der gefangene Paulus schriftlich darüber nach, wie es mit seinem Leben weitergehen wird. Schenken ihm die römischen Behörden neu die Freiheit? Oder erwartet ihn die Hinrichtung durch das Schwert? Wie wird es ausgehen mit seinem Prozess?

Eine spannungsgeladene Situation, eine harte Geduldprobe– vergleichbar vielleicht mit einer kritischen Operation, bei der uns die Ärzte vorher informieren, dass es so oder auch anders ausgehen kann. Wie hätte ich - wie hätten wir darauf reagiert? Panisch oder gelähmt? Aufbäumend oder fatalistisch? Wie würde es mir in der Haut des gefangenen Paulus gehen?

In dieser Situation geschieht nun etwas ganz Erstaunliches. Paulus geht ausserordentlich gelassen mit der Ungewissheit um. Mit einer fast unglaublichen Nüchternheit denkt er beide Wege, beide Möglichkeiten zu Ende. Er analysiert unbestechlich seine Situation.

MÖGLICHKEIT 1: TOD

Paulus kann die Möglichkeit nicht von sich schieben, dass er zum Tod verurteilt und kurz darauf hingerichtet wird. Die römischen Behörden kannten die Todesstrafe – für Aufrührer, für flüchtige Sklaven und für mangelnde Loyalität gegenüber dem Staat. Vollstreckt wurden Todesstrafen in Form von Kreuzigungen oder Hinrichtungen durch das Schwert. Die

Behörden hatten *noch* weniger Hemmungen als es die Justiz in einigen US-Bundesstaaten heute noch hat.

Paulus ist Realist genug, um diese Möglichkeit zu Ende zu denken: Ja, es ist denkbar, dass ich verurteilt, hinausgeführt und hingerichtet werde. Paulus wusste, dass auch sein Meister Jesus diesen Weg gehen musste. Viele Christen wurden seither bis zum heutigen Tag den Weg in den Märtyrertod geführt. Zahllos sind ihre Namen – nur Gott allein kennt sie. Seltsamerweise erschreckt ihn aber dieser Gedanke nicht. Paulus hat eine Hoffnung, die über das eigene Sterben hinausreicht: Wenn ich sterbe, dann werde ich bei Christus sein, dann werde ich meinen Erlöser sehen, dann wird die Gemeinschaft mit ihm ungebrochen, dauerhaft, ewig sein. Das zieht ihn an und er gibt es gerne zu. Diese Option ist durchaus attraktiv. Wenn er an sich selbst denkt, würde er sie gerne wählen. Jetzt mit dem Leben abschliessen – und dann bei Christus sein.

Es ist wichtig, diese Zeilen genau zu lesen. Hier spricht kein Lebensmüder und auch kein Weltmüder. Es gibt ja unter Christen folgendes Phänomen: wir haben hohe Ideale – und stellen dann schmerzlich fest, dass sich nicht alles, was erhoffen und erbeten, auch tatsächlich erfüllt – ja, vielleicht ist es sogar trotz hohem Einsatz nur wenig. Nun kann man mit Weltschmerz und Weltflucht reagieren. Die Realität wird unerträglich, weil sie so weit weg ist vom Ideal und sich nicht so verändert, wie wir uns das erhoffen, wünschen und erbeten. Ach, diese böse Welt, diese trägen Christen, diese reformunwillige Kirche etc. Und dann kommt der grosse Rückzug. Der Rückzug aus der Öffentlichkeit ins Private. Der Rückzug aus einer Vielfalt von Beziehungen in die intime Gruppe. Der Rückzug vom Marktplatz ins Ghetto. Was ich da schildere, entspringt leider nicht meiner Fantasie. Diese Rückzugs-Bewegung lässt sich in der Geschichte der christlichen Kirche immer wieder zeigen. Bei Paulus ist jedoch gar nichts davon zu spüren. Er lebt sein Christsein in der Öffentlichkeit, auf dem Marktplatz, in einer Vielfalt von Beziehungen zu Christen und Nichtchristen. Wenn es Rückzüge gab, dann waren sie nur vorübergehender Natur – wie wir es im Leben von Christus auch sehen. Hier spricht er einfach seine Sehnsucht aus, bei Christus zu sein – für immer und ewig. Das zieht ihn an. Das ist für ihn attraktiv. Deshalb kann er sagen: „Sterben ist mein Gewinn." Aber es ist keine Flucht vor der Welt und vor dem Leben.

MÖGLICHKEIT 2: LEBEN

Oder werde ich, Paulus, weiterleben? Was ist meine Perspektive, wenn ich weiterlebe? Was spricht dafür, dass ich freigelassen werde? Im Nachdenken findet Paulus Gründe, die dafür sprechen, dass er am Leben bleibt. Dafür spricht, dass er dann weiterhin für die Christen in Philippi und an anderen Orten da sein kann. Er könnte ihren Glauben fördern, ihr inneres und äusseres Wachstum weiter begleiten. Das sieht Paulus klar vor sich: „Christus ist mein

Leben." Das bedeutet: wenn ich lebe, dann lebe ich von Christus her. Dann lebe ich in seinem Dienst. Dann setze ich meine Zeit und meine Ressourcen für ihn ein. Zugespitzt: Paulus stellt seinen eigenen Wunsch nach der unmittelbaren, endgültigen Gemeinschaft mit Christus in der Ewigkeit zurück, weil er bei nüchternem Nachdenken zur Überzeugung kommt, dass die einzelnen Christen und die christlichen Gemeinden ihn noch brauchen, dass Gott noch etwas vorhat mit ihm, was seinen Mitchristen weiter hilft. Plötzlich setzt er hier das Gewicht und verbreitet in seinem Schreiben an die Philipper eine eigenartige Geborgenheit und Gewissheit: Ich werde bleiben. Ich werde Euch besuchen. Ich werde bei Euch sein. Das alles ist natürlich nur bei der Variante Freilassung möglich. Innerlich entscheidet er sich hier für das Leben, auch wenn ihn sein persönlicher Wunsch auf die andere Seite zieht. Das Urteil steht ja noch aus. Wegen seinen Mitchristen entscheidet er sich für diese Einstellung. Sie spielen das Zünglein an der Waage. Für sie möchte er am Leben bleiben. Ihre Freude möchte er fördern. Ihr Wachstum möchte er mittragen. Weiterleben, um für meine Mitchristen dazusein! Darüber müssten wir auch einmal in Ruhe nachdenken.

PERSPEKTIVE FÜR BEIDES

Und wir? Und ich? Sehe ich mein Leben als Wirken für Christus und mein Sterben als Eingang zur ungebrochenen Gemeinschaft mit ihm? Haben wir wie Paulus eine Perspektive für Leben und Sterben?

Das sind Fragen, die sich nicht laut aufdrängen, solange wir uns stark und gesund fühlen, die Finanzen stimmen, die Menschen uns mögen. Diese Fragen klopfen leise an unsere Türe. Es ist gut, wenn wir sie zulassen – nicht erst dann, wenn sie sich durch Zerbruch und Krisen aufzwingen. Sicher: die wenigsten von uns sind in ihrer Existenz gegenwärtig so unmittelbar bedroht wie Paulus, auch wenn unser weiterer Lebensgang durchaus offener und ungewisser ist, als wir uns das manchmal eingestehen. Tatsache ist, dass niemand von uns sicher weiss, was morgen ist. Wie wir mit Zerbruch, Unsicherheiten und Krisen umgehen, sehen wir meist erst, wenn es soweit ist. Dann merken wir, ob der Fels, wo wir unseren Anker gelegt haben, in den Stürmen unseres Lebens auch wirklich hält. Bei Paulus hat er gehalten. Er hat seinen Anker bei Christus gelegt.

Paulus hat eine Perspektive für beides: fürs Leben und fürs Sterben. Haben wir das auch? Kennen wir diese doppelte Perspektive? „Was ist dein einiger Trost im Leben und im Sterben? Dass ich mit Leib und Seele, beides, im Leben und im Sterben nicht mein, sondern meines getreuen Heilands Jesu Christi eigen bin ..." heisst es in diesem alten Katechismus aus dem 16. Jahrhundert als Antwort auf die erste Frage. Man spürt die Anlehnung an die Worte von Paulus. Beides: Leben und Sterben wird von Christus her beleuchtet. Er ist die Konstante in beidem. Wer hier wie Paulus verankert ist, wird trotz aller menschlichen Begrenzung eine starke Kraft ausstrahlen, die aus der Orientierung auf Christus kommt. Was soll denn einen Menschen im tiefsten Grund schrecken, der eine Perspektive für sein Leben UND für sein Sterben hat? Wenn ich lebe, lebe ich für Christus und wirke für meine Mitchristen und Mitmenschen. Das ist meine Perspektive fürs Leben! Wenn ich sterbe, werde ich bei ihm sein – ungebrochen seine Gegenwart und Gemeinschaft geniessen. Das ist meine Perspektive fürs Sterben! Das bedeutet für den Glaubenden: meine Zukunft ist hell und von Christus geprägt – so oder so!

CHRISTUS ÜBER ALLES!

Was bedeutet die Person Jesu Christi für seinen Nachfolger Paulus? Wenn man den ganzen Brief an die Philipper nimmt und sorgfältig jede Aussage dazu notiert, gibt es nur eine Folgerung: Christus bedeutet ihm alles. Er sieht sich selbst als sein Diener und sein Leben als Dienst. Er setzt sich ein, das Evangelium von Jesus Christus öffentlich bekanntzumachen und freut sich, wenn auch andere das tun, obwohl die Motive nicht bei allen sauber und unzweifelhaft sind. Christus soll öffentlich verkündet werden. Der Weg von Christus gilt ihm als Mass für das Verhalten in alltäglichen Beziehungen ... Wenn man den ganzen Brief liest, lässt sich daraus eine stattliche Liste zusammen stellen. Wenn Paulus sagt: Christus ist mein Leben – dann ist das nicht einfach ein schöner frommer Satz, eine dogmatische Richtigkeit, ein netter Vers oder ein knappes Bekenntnis. Es ist die *Realität*, in der er sein Leben entfaltet. Die Realität, die ihn und sein Leben prägt und bestimmt. Er ist durchdrungen, bewegt, motiviert und ergriffen vom Gekreuzigten und Auferstandenen: Christus ist mein Leben. Das ist keine Realität, die nur für Paulus, Augustin, Marie Durand, Corrie ten Boom und andere christliche Top-Shots gilt. Wir alle sind eingeladen, unser Leben von Christus prägen und bestimmen zu lassen. Dann können auch wir – mit oder ohne Worte – bezeugen: Das ist mein Leben. *Christus* ist mein Leben.

AMEN!

Ein steter Kampf ist unser Leben

Wandelt nur würdig des Evangeliums Christi, damit – ob ich komme und euch sehe oder abwesend von euch höre – ihr in einem *Geist steht und einmütig mit uns kämpft für den Glauben des Evangeliums und euch in keinem Stück erschrecken lasst von den Widersachern, was ihnen ein Anzeichen der Verdammnis ist, euch aber der Seligkeit, und das von Gott. Denn euch ist es gegeben um Christi willen, nicht allein an ihn zu glauben, sondern auch um seinetwillen zu leiden, habt ihr doch denselben Kampf, den ihr an mir gesehen habt und nun von mir hört.*
(Philipper 1,27-30)

Liebe Gemeinde,

„Ein steter Kampf ist unser Leben." Der griechische Philosoph Euripides hat etwas von dem auf den Punkt gebracht, was viele von uns im Alltag erleben:

„Ein steter Kampf ist unser Leben." Das denkt die Haus- und Familienfrau, die täglich gegen das scheinbar ständig neu entstehende Chaos ankämpft. Das denken Männer und Frauen im Beruf, wenn die Hektik trotz angenehmen Ferien zuschlägt, der Stress trotz Beruhigungsmitteln anhält und Spannungen das Klima am Arbeitsplatz prägen. Das denken oft auch unsere Seniorinnen und Senioren, wenn sie spüren, wie die Kräfte nachlassen, der Ausgangsrayon kleiner wird, die Reihen der Gleichaltrigen sich lichten und die Schmerzen manchmal übermächtig werden. Das denken bisweilen auch unsere Schülerinnen und Schüler, wenn plötzlich nach dem Übertritt die Anforderungen steigen, die Freizeit knapper wird, der Druck zunimmt. Das denken auch viele, die beruflich oder familiär ins Geschäft der Erziehung eingebunden sind. „Ein steter Kampf ist unser Leben."

Und jetzt kommt noch ein Wort aus der Bibel dazu, das in die gleiche Kerbe haut. Dabei sollten doch die Verse der Bibel, die wir meist in homöopathischer Dosierung anwenden, nur aufbauen, ermutigen und entspannen – oder etwa nicht?

Doch Paulus – wie auch viele andere Schriftsteller der Bibel – halten sich nicht an unsere Wunschvorstellungen und Vorgaben. Nein, sie schreiben frisch drauflos, wie sie von Gottes Geist bewegt werden. Da gibt es Fröhliches und Trauriges, Aufbauendes und Ernüchterndes, Mutmachendes und Kritisches, trockene Lehre und praktische Lebenshilfe. Wir tun gut daran, beides auf uns wirken zu lassen – und nicht nur das, was unserem Gusto entspricht.

Der Alltag als Kampf – und nun auch der Glaube als Kampf. Man müsste diesen Worten von Paulus die Zähne ziehen und ihnen damit den Biss nehmen, wenn man das nicht sehen wollte. Paulus redet davon, dass die Existenz des einzelnen Christen und auch die Existenz der christlichen Gemeinde ein Kampf ist.

Zunächst einmal bin ich Paulus dankbar für seinen Realismus. Er ist ehrlich und er ist direkt. Er nimmt auch in Kauf, dass einige in Philippi enttäuscht sind, weil er nicht schön geredet und schön gefärbt hat, was das Christsein bedeutet. Wir sind es unseren Mitchristen und unseren Mitmenschen schuldig, dass wir kein unrealistisches Bild vom Christsein vermitteln. Das rächt sich irgendwann, denn die Menschen werden ja doch merken, wie es wirklich ist. Wer vorgibt, dass das Christsein einer lockeren Höhenwanderung gleicht, der kann das nur tun, wenn er das „finstere Tal" von Psalm 23 unterschlägt. Wer die christliche Gemeinde als nur friedliche, idyllische, homogene, unproblematische Vereinigung darstellen will, der muss irritiert wegschauen, wenn die Jünger von Jesus streiten, um den ersten Platz kämpfen und Jesus mit ihrem Kleinglauben ärgern. Der muss auch die Augen verschliessen vor dem Streit von Euodia und Syntyche in Philippi, die Auseinandersetzung von Paulus und Barnabas wegen einem Mitarbeiter ausblenden, den Konflikt mit liberalen und charismatischen Kräften in der Gemeinde von Korinth ignorieren. Auch die christlichen Gemeinden in Rom, Galatien, Philippi und Jerusalem waren - bei allem, was wir zweifellos von ihnen lernen können - keine idealen, fehlerlosen, perfekten Gemeinden. Sowenig, wie es heute mit Gemeinden in Lausen, Frankfurt, Johannesburg und Chicago der Fall ist.

Paulus erstaunt uns hier mit einem Statement, was das Wichtigste für eine christliche Gemeinde ist. Das Wichtigste? Ist es Perfektion? Nein. Sind es inspirierende Predigten? Nein. Sind es bestimmte Aktivitäten oder Gruppen? Nein. Das Wichtigste für eine christliche Gemeinde ist die Ausrichtung am Evangelium von Jesus Christus. *Wandelt nur würdig des Evangeliums Christi...* Das bedeutet, dass wir als einzelne Christen und als christliche Gemeinde nicht darum herumkommen, uns mit diesen Evangelium zu beschäftigen. Das kann man nicht einfach einmal tun und dann hat man's sozusagen in der Tasche. Nein! Wenn wir dieser Botschaft Respekt erweisen wollen, müssen wir sie kennenlernen und uns mit ihr beschäftigen – mehr noch: wir müssen uns dieser Botschaft öffnen und sie auf unser Leben einwirken lassen. Wir ehren Christus und sein Evangelium, wenn wir uns davon prägen lassen. Das ist das Wichtigste für eine christliche Gemeinde. Diese Ausrichtung soll Zusammenkünfte, Gruppen und Aktivitäten prägen.

Paulus meint nun aber nicht einen Rückzug in die Gemeinde, in fromme Alltagsenklaven mit eigenen Gesetzmässigkeiten. Dieses Ehren von Christus und seinem Evangelium soll mitten im Alltag stattfinden. Das Wort, das Paulus hier braucht, um die Lebensführung von Christen zu beschreiben, ist verwandt mit dem Wort Politik, politisch. Diese Lebensführung, die Christus ehrt, soll nicht in einem verstecken Winkel stattfinden, sondern in der „Polis", in der Gemeinde, in der Stadt, auf dem Marktplatz, in der Schule, am Arbeitsplatz, in der Familie. Christsein ist – ob wir es wollen oder nicht – eine öffentliche Sache.

Nun wird auch sofort einsichtig, weshalb hier von Kampf die Rede ist. Alle diese verschiedenen Bereiche unseres Lebens sind Gesetzmässigkeiten unterworfen, die teilweise oder auch gar nicht dem Evangelium von Jesus entsprechen können. Wir spüren etwas von dieser Spannung, wenn wir von „zwei Welten" reden: von der Welt des Glauben (die auf bestimmte Aktivitäten und Zeiten eingeschränkt ist) und von der Welt des Alltags und des Berufs (die „halt" ganz anders funktioniert). Ich weiss, dass es unserer Bequemlichkeit entgegenkommt, wenn wir von zwei – leider – nicht zu vereinbarenden Welten reden. Das bedeutet aber faktisch auch eine Spaltung unseres Christseins in einen christlichen und einen nichtchristlichen Sektor, was vielleicht westlichem Denken, nicht aber der biblischen Tradition entspricht. Wir bewegen uns damit in Richtung Heuchelei …

Mit Paulus gilt es hier, entschieden NEIN zu sagen. Auch mein Lehrerheft, meine Koch- oder Maurerkelle, meine Buchhaltung, mein Terminkalender, meine Einstellung zu Geld, mein Stimmzettel – all das, was zu meinem Leben gehört, hat mit Christus zu tun. „Wie kann ich so leben, dass ich Christus und sein Evangelium ehre?" Das wird zur Leitfrage. Nicht dass wir uns ständig hintersinnen und gelähmt sind in Alltagsfragen, wenn wir keinen Brief vom Himmel erhalten. Der Sinn davon ist, dass unsere Verankerung und Ausrichtung im Evangelium liegt. Weil das aber nicht einfach automatisch geschieht und uns in den Schoss fällt, deshalb gibt es Kampf. Ja, wir müssen auch um diese Einstellung kämpfen, uns einsetzen mit Herz und Hand, dass wir nicht einfach mit der Masse weggespült werden. Deshalb gibt es Auseinandersetzung, weil wir uns mit anderen Werten und Prägungen als den christlichen ernsthaft auseinandersetzen müssen und in dieser Spannung unseren Weg suchen.

Wie dieser Kampf bei Paulus konkret ausgesehen hat? Das spürt man aus seinen Briefen. Auch verschiedene Passagen aus der Apostelgeschichte reden davon. Die Philipper haben einiges davon direkt mitbekommen. Und ihr Kampf sieht ähnlich aus wie der des Paulus, weil sie ja auch in der gleichen Gesellschaft und zur gleichen Zeit leben. Paulus erinnert die Christen in Philippi: *... habt ihr doch denselben Kampf, den ihr an mir gesehen habt und nun von mir hört.* Damit spielt Paulus auf zweierlei an:

1. Auf verschiedene Ereignisse in Philippi, als er diese christliche Gemeinde gründete. Kampf? Ja, da war ein intensives Ringen um einzelne Menschen. Ich erwähne die Kauffrau Lydia und den Gefängniswärter, dessen Namen wir nicht kennen. Kampf? Ja, da

war eine esoterisch-okkult geprägte Frau, die die Verkündigung aktiv behinderte. Kampf? Ja, da waren die Herren der wahrsagenden Sklavin, die keinen Gefallen daran fanden, dass sie nicht mehr wahrsagte und so die Einnahmen aus diesen Praktiken ausblieben, die daraufhin Paulus und Silas vor Gericht schleppten. Ja, da waren die Schläge, die sie als Strafe bekamen und die Inhaftierung, schliesslich die Freilassung und Wegweisung aus der Stadt.

2. Auf seine gegenwärtige Gefangenschaft – wahrscheinlich in Rom. Auch hier könnte ich wieder mit dem Aufzählen beginnen. Ich führe das hier nicht aus, weil es mit dem vergleichbar ist, was Paulus in Philippi erlebt hat.

Wenn wir das hören und auf uns wirken lassen, dann ist uns klar, dass unser Kampf anders aussieht, weil Zeit und Umstände anders sind. Unsere Verkündigung wird nicht aktiv verhindert, unser Gemeindeleben kann sich in Freiheit entfalten, unsere Versammlungen enden nicht mit Prügeln für die Teilnehmenden. Aber wir müssen uns dennoch fragen: Wo sind denn eigentlich unsere Kampffelder? Wo sind wir gefordert?

- Ist nicht beispielsweise der hemmungslose und unverhohlene Materialismus, dem unsere Gesellschaft huldigt, ein solches Kampffeld, in das wir unfreiwillig verwickelt sind?
- Ist nicht die verbreitete Gleichgültigkeit gegenüber den tieferen Fragen nach dem Woher, Wozu und Wohin unseres Lebens ein Kampfgebiet, auf dem wir darum ringen müssen, dass diese Fragen von uns selbst und unseren Mitmenschen nicht verdrängt werden?

Hier geht es um christliche Mündigkeit. Mündige Christen brauchen *eben gerade nicht* einen Paulus in der Nähe, auch wenn es schön und herausfordernd wäre. Christen in Philippi und anderswo sollen nicht nur christliche Lebensführung anstreben und praktizieren, wenn andere Christen in der Nähe sind und es sehen können. Das ist eine Gefahr für christliche Leitungspersonen, die der Apostel vermeiden möchte. Machen wir als Christen nicht da und dort unser Leben abhängig von anderen Christen? Ich finde das nicht prinzipiell schlecht, es sollte aber auf jeden Fall eine Entwicklung in unserem Christsein einsetzen, die diese Abhängigkeit von anderen Christen reduziert zugunsten der direkten Abhängigkeit von Christus. Paulus will andere Christen nicht von sich abhängig machen und an seine Person binden, er will kein christlicher Guru sein. Er will, dass die Christen in Philippi mündig werden und ihr Leben als Christen gestalten, ob er dabei ist oder nicht. Die erste Ausrichtung eines Christen und einer christlichen Gemeinde kann nur Christus gelten. Schliesslich ist er der Befreier und Erlöser.

Er will durch unser Leben geehrt werden. Für ihn sollen wir wirken. Ihm dürfen wir unser Vertrauen schenken. Und alles das kann auch bedeuten, dass wir auch für ihn leiden. Christus – die Mitte des Lebens. Christus – die Mitte des Glaubens.

AMEN!

Qualität der Gemeinschaft

Ist nun bei euch Ermahnung in Christus, ist Trost der Liebe, ist Gemeinschaft des Geistes, ist herzliche Liebe und Barmherzigkeit, so macht meine Freude dadurch vollkommen, dass ihr eines Sinnes seid, gleiche Liebe habt, einmütig und einträchtig seid. Tut nichts aus Eigennutz oder um eitler Ehre willen, sondern in Demut achte einer den andern höher als sich selbst, und ein jeder sehe nicht auf das Seine, sondern auch auf das, was dem andern dient. Seid so unter euch gesinnt, wie es auch der Gemeinschaft in Christus Jesus entspricht. (Philipper 2,1-5)

Liebe Gemeinde,

Gemeinschaft, die gelingt. Gemeinschaft, die blüht. Gemeinschaft mit Qualität. Eine Ehe, eine Freundschaft, eine Nachbarschaftsbeziehung – die gelingt, die blüht, die Qualität hat. Beziehungen in der Familie, in der Verwandtschaft, am Arbeitsplatz - die gelingen, erfreuen, aufbauen und wirklich tragen. Aber das ist nur die eine Seite! Wir kennen beides: Beziehungen, die gelingen und Beziehungen, die scheitern. Manchmal fragen wir uns, wie viele Ehen beispielsweise *wirklich* gelingen. Wir zählen dann nicht nur im Sinne einer Scheidungsstatistik, sondern wir fragen nach der Qualität der Ehe-Beziehung. Wo sind die Ehepaare, die nach den langen Jahren, den gemeinsamen Höhen und Tiefen noch im besten Sinne miteinander unterwegs sind, das Gespräch pflegen und sorgfältig miteinander umgehen?

Eines ist klar: Paulus möchte Gemeinschaft unter Christen aufbauen. Aber er möchte noch mehr. Er möchte „Gemeinschaft mit Qualität". Er möchte christliche Gemeinschaft, die in einem tieferen Sinn gelingt. Christliche Gemeinschaft, die blüht. Christliche Gemeinschaft, die wirklich *Gemeinschaft* ist. Deshalb hat er diese Zeilen an die Christen mit Wohnsitz in Philippi gerichtet. Er hätte sie geradesogut an uns richten können. Was er schreibt hat bleibende Aktualität für Menschen, die am Aufbau echter Gemeinschaft interessiert sind. Ich möchte der Spur seiner Gedanken in vier Schritten folgen.

1. Grundlegende Elemente christlicher Gemeinschaft

Da werden zuerst vier Elemente christlicher Gemeinschaft aufgezählt:
- Ermahnung/Ermutigung in Christus
- Liebevoller Trost
- Gemeinschaft des Geistes
- Barmherzige Liebe

Was mich erstaunt, ist folgendes: Paulus lässt in der Schwebe, ob das bei den Christen bereits zu finden ist. Grosszügigerweise nimmt er aber an, dass die Christen in der nordgriechischen Stadt Philippi bereits damit vertraut sind und dass sie die Realität solcher Gemeinschaft kennen. Aber - ist das denn so selbstverständlich in einer christlichen Gemeinschaft oder Gemeinde, dass das gelebt wird? Ich sage: Nein, denn sonst müsste er es ja gar nicht erwähnen! Und: in anderen Briefen mahnt er wortreich zur Gemeinschaft und zur Klärung und Beseitigung von Hindernissen.

Leider ist es eben *nicht* selbstverständlich, dass wir – sozusagen automatisch - einander ermahnen und ermutigen, ermuntern und aufbauen. Liegt uns nicht sogar das Gegenteil manchmal näher? Statt aufbauen niederreissen, statt ermuntern herumnörgeln, statt ermutigen entmutigen? Wahrscheinlich hätten wir schon da einiges zu lernen.

Liebevoller Trost! Wenn wir mit offenen Augen, offenen Ohren und offenen Herzen im Alltag unterwegs sind, dann merken wir, wie viele Menschen um uns genau das brauchen: Trost! Liebevollen Trost. Beispielsweise nachdem eine Beziehung zerbrochen ist. Nach dem Scheitern einer Prüfung oder nach dem Verlust eines nahestehenden Menschen. Und jetzt einen Menschen haben, der mir zuhört, der mich aufnimmt und annimmt, der mich mitfühlend und liebevoll tröstet. Und umgekehrt: sind wir jetzt bereit, für andere so dazusein? Jetzt dem zuhören, der liebenvollen Trost braucht? Jetzt aufnehmen und annehmen? Vielleicht tippt uns der lebendige Gott gerade jetzt auf die Schultern und erinnert uns daran, wer in unserer Umgebung gerade in diesen Tagen unseren liebevollen Trost braucht …

„Gemeinschaft des Geistes“ nennt Paulus als weiteres Grundelement christlicher Gemeinschaft. Damit meint er eine tiefe, innere Verbundenheit der Christen untereinander. Gott wohnt durch seinen heiligen Geist in uns. Weil dies der gleiche Geist ist, der in Dir und in mir wohnt, darum ist dieser Geist eine starke Basis für echte Gemeinschaft und Verbundenheit.

„Mitfühlende Barmherzigkeit“ - nicht Hartherzigkeit, nicht Kälte, nicht Rücksichtslosigkeit.

Schauen wir einen kurzen Moment weg von Paulus und weg von den Philippern auf uns und unsere Gemeinschaft. Ist das, was Paulus hier sagt, Beschreibung der Realität, die wir erleben? Ist die Gemeinschaft in unserer Kirchgemeinde, in den Teams und Dienstgruppen, in unseren Häusern bestimmt von dieser Qualität? Können unsere Nachbarn bestätigen, dass wir Christinnen und Christen so leben? „Sie ermutigen einander, trösten einander liebevoll, sind einander herzlich verbunden.“

Ganz schön herausfordernd. Aber das muss man auch im gleichen Atemzug sagen: wo solche Gemeinschaft mit Händen zu greifen ist, da ist sie ein starker Hinweis auf unseren Gott, den Schöpfer von Gemeinschaft und auf seinen Sohn Jesus, den grossen Versöhner, und auf den Heiligen Geist, den Gott in unsere Leben hineingelegt hat. Doch damit nicht genug. Für Paulus liegt sogar noch eine Steigerung drin!!!

2. Steigerung ist möglich: vertiefte Gemeinschaft

Auch Gemeinschaft mit dieser Qualität kann weiter vertieft werden. Paulus sieht die Steigerung in einer Einheit, die nicht mit menschlichen Kraftakten zu erreichen ist und die trotzdem von den Christen angestrebt werden soll: ... *dass ihr eines Sinnes seid, gleiche Liebe habt, einmütig und einträchtig seid.* Die herzliche, liebevolle, tröstliche, aufbauende Gemeinschaft ist ein Durchgangsstadium auf dem Weg zu einer von Gott gewirkten und geschenkten Einheit. Paulus betont das fast penetrant, sonst würde er es kaum mit vier verschiedenen Wörtern umschreiben.

Und dann schauen wir uns die Jünger von Jesus in den Evangelien an: was für ein kunterbunter Haufen von ganz verschiedenen Menschen! Da gab es doch auch Rivalitäten. Da war sogar Streit. Da lief auch nicht alles rund. Und die sollen eins werden? Das ist ja an sich schon ein Wunder! Mit der christlichen Gemeinde in Philippi und der Kirchgemeinde unseres Wohnorts ist es nicht viel anders. Auch da kommen sehr, sehr verschiedenartige Menschen zusammen. Menschen verschiedenen Alters und verschiedener Herkunft, mit unterschiedlichem Vermögen und Einkommen, mit sehr verschiedenartigen Vorstellungen über Kindererziehung und Elternbetreuung. Und trotzdem: plötzlich sind wir gemeinsam in einem Team, gemeinsam im Einsatz, gemeinsam im Gottesdienst. Da sind Reibungsflächen und Konflikte vorprogrammiert und unvermeidbar bei dieser Verschiedenartigkeit. Gerade hier geht der Weg durch zu einer tiefen Einheit unter Christinnen und Christen. Eine Einheit, die keine erzwungene Gleichschaltung ist. Einmütigkeit, die nicht auf faulen Kompromissen und falscher Anpassung basiert. Wo wir unsere Verschiedenartigkeit nicht vertuschen und gerade da erfahren, dass Christus Brücken zwischen uns baut, die uns verbinden zu einer tiefen Einheit – das ist ein Wunder Gottes..

An dieser Stelle ein Kompliment: Ich bin stolz auf unsere Kirchgemeinde. Ja, sie haben richtig gehört. Und zwar stolz, nicht deshalb, weil bei uns alles schon stimmt oder etwa perfekt ist. Nein, das nicht. Aber ich bin stolz auf die Vielfalt, die uns Gott geschenkt hat, auf die Verschiedenartigkeit der Menschen, die sich zu unserer Gemeinschaft bekennen, auf die unterschiedlichen Formen, wie wir Gott anbeten usw. Aber auch bei uns liegt sicher noch eine

Steigerung drin. Indem wir uns stärker auf das grosse gemeinsame Ziel ausrichten, werden Unterschiede zwar nicht aufgehoben, aber doch stark relativiert!

3. Übungsfelder

Das sind unsere Übungsfelder: Ehebeziehungen, Mitarbeiterteams, Kirchenpflege, Gottesdienst, Freundschaften, Gruppen, Familien, Wohngemeinschaften, Nachbarschaft usw. Genau in diesen Übungsfeldern bewährt sich unser Christsein - oder eben nicht.

Wie sollen wir in diese Übungsfelder hineingehen? *Tut nichts aus Eigennutz oder um eitler Ehre willen, sondern in Demut achte einer den andern höher als sich selbst, und ein jeder sehe nicht auf das Seine, sondern auch auf das, was dem andern dient. Seid so unter euch gesinnt, wie es auch der Gemeinschaft in Christus Jesus entspricht.* Das ist starker Tubak! Stellen sie sich beispielsweise ein Ehepaar vor, wo Mann und Frau diese Sätze beherzigen. Man kann das für sich als Mann oder als Frau durchbuchstabieren. Und dann spürt man, wie sehr uns selbst diese Sätze gegen den Strich gehen. Trotzdem sind sie voll Leben und Kraft. Ich sage es für die Männer, weil ich zu diesem Geschlecht gehöre: ein Mann, der nicht egoistisch handelt und seine Eitelkeiten loslassen kann. Ein Mann, der sich nicht über seine Frau erhebt, sondern seine Frau höher achtet als sich selbst (was übrigens wahr ist, aber die frommen Clichés über die einseitige Unterordnung der Frau durcheinanderbringt! Interessanterweise steht ja auch in Epheser 5 in der Einleitung von der *gegenseitigen* Unterordnung von Mann und Frau in der Ehe, was leider oft übersehen wird!). Ein Mann, der nicht stur seine eigenen Interessen verfolgt und auf seinen Positionen beharrt, sondern auch auf das sieht, was seine Frau fördert und ihr nützt. Welche Frau wünscht sich nicht einen solchen Mann?

Die Stossrichtung wird verändert, ja fast umgekehrt. Die naheliegendere Frage ist die: Was nützt es mir? Oder postmoderner: Was bringt's mir? Sicher ist diese Frage nicht aus unserem Leben zu eliminieren. Paulus mutet uns aber zu, dass wir uns in unser Gegenüber einfühlen, seine Bedürfnisse ernstnehmen und seinen Nutzen höher achten als unseren eigenen. Das ist heute nicht sehr populär, aber wohltuend und befreiend. Stellen sie sich eine Ehe vor, wo Mann und Frau sich – in aller Begrenzung - danach ausrichten. Der Mann mit dieser Perspektive im Alltag: Was nützt meiner Frau? Was fördert meine Frau und tut ihr wohl? Das ist die Kernfrage einer Ehe, die sich den Männern stellt. Wohl dem Mann, der über diese Frage nachdenkt, der nicht mit sich selbst und *seinen* Ansprüchen, Hobbies, Ambitionen, Vorstellungen so beschäftigt ist, dass er darüber den Nutzen für seine Frau aus dem Blick verliert. Dass für Frauen das Gleiche gilt, liegt auf der Hand, wurde aber in christlichen Kreisen eigenartigerweise mehr betont als die Erwartung an Männer, die sich aus der Bibel ergeben. Man kann das Gleiche natürlich durchspielen mit Geschäftspartnern, Nachbarn,

Verwandten etc. Gemeint ist nicht einfach ein sporadisches Drandenken, sondern eine neue Gewohnheit, den Nutzen meines Gegenübers wirklich zu suchen. Das braucht zweifellos Zeit, dies einzuüben. Neue Gewohnheiten, die unseren bisherigen entgegenstehen, wachsen selten von heute auf morgen und selten ohne Ablösungsschmerzen, wenn wir uns von alten Mustern verabschieden. Das Ergebnis ist aber für Paulus immer das Gleiche: Gottes Geist, wenn wir ihm in unserem Leben Raum geben, durchbricht unsere egoistische Fixierung auf die eigenen Bedürfnisse und öffnet unser Herz für unsere Mitmenschen. So kann Gemeinschaft wachsen. Wohl der christlichen Gemeinde, die diesem Wirken des Heiligen Geistes Raum gibt!

4. Das Mass ist der Weg von Jesus

Ich komme zu meinem letzten Punkt. Paulus will der christlichen Gemeinde in Philippi nicht gute Sitten und verklemmte Bravheit im Umgang miteinander beibringen. Er will vielmehr erreichen, dass Christen ihr Leben, ihr Verhalten, ihren Alltag am Weg von Jesus ausrichten: *Seid so unter euch gesinnt, wie es auch der Gemeinschaft in Christus Jesus entspricht.* Hier finden wir den Massstab. Paulus will, dass Christinnen und Christen sich mit Jesus beschäftigen, mit seinem Weg, mit seinen Worten, mit seinen Taten. Das soll unser Leben prägen. Das soll kräftig abfärben. Darauf sollen wir uns einlassen. Das ist die Basis christlicher Gemeinschaft. Weshalb? Weil Jesus genau das tat und vorlebte: er achtete uns höher als sich selbst. Er stellte unseren Nutzen klar über seinen eigenen. Genau das hat er vorgelebt, was im Leben von uns Christen sichtbar werden soll. So radikal hatte er unseren Nutzen im Blick, dass sein Weg ans Kreuz führte. Das hat er nicht für sich selbst getan, sondern für uns, zu unserem Nutzen! Sein Weg, sein Leben, sein Tod, seine Auferstehung ist darum die tragfähige Basis christlicher Gemeinschaft.

AMEN.

Der Weg von Jesus als doppelte Bewegung

Seid so unter euch gesinnt, wie es auch der Gemeinschaft in Christus Jesus entspricht: Er, der in göttlicher Gestalt war, hielt es nicht für einen Raub, Gott gleich zu sein, sondern entäußerte sich selbst und nahm Knechtsgestalt an, ward den Menschen gleich und der Erscheinung nach als Mensch erkannt. Er erniedrigte sich selbst und ward gehorsam bis zum Tode, ja zum Tode am Kreuz. Darum hat ihn auch Gott erhöht und hat ihm den Namen gegeben, der über alle Namen ist, dass in dem Namen Jesu sich beugen sollen aller derer Knie, die im Himmel und auf Erden und unter der Erde sind, und alle Zungen bekennen sollen, dass Jesus Christus der Herr ist, zur Ehre Gottes, des Vaters. (Philipper 2,5-11)

Liebe Gemeinde,

dieses Lied bildet den Ausgangspunkt unseres heutigen Gedankenwegs. Ein Lied? Ja, ein Lied. Paulus hat hier im Zentrum seines Briefes an die Christen in der nordgriechischen Stadt Philippi ein Lied zitiert. Die Mehrheit der Ausleger ist der Ansicht, dass Paulus hier eine Vorlage verwendet hat, ein Lied, das bereits in den christlichen Gemeinden bekannt war – auch in der Gemeinde von Philippi. Eine Minderheit nimmt an, dass Paulus selber diesen Liedtext, eine Lobeshymne auf Christus und seinen Weg, gedichtet hat – vielleicht sogar extra für diesen Brief. Auffallend ist, dass Paulus quer durch den Philipperbrief Ausdrücke verwendet, die hier in diesem Lied wiederzufinden sind. Man kann sagen, dass er den Brief auf dieses Lied hin zugespitzt hat. Oder vielleicht auch umgekehrt: dass er seinen ganzen Brief von diesem Lied her geschrieben hat. Dieser Weg Jesu wird zu zwei Grundbewegungen verdichtet:

1. Aus der Höhe in die Tiefe

Der Weg von Jesus beginnt in Gott selbst. Hier ist der Anfang. Und jetzt geht es sofort steil abwärts. Von Gott zum Sklaven. Verzicht auf Vorrechte, Privilegien. Gott wird Mensch, teilt unser Leben. Wie könnte uns Gott denn näher kommen? Wie könnte Gott mehr zeigen, dass er sich für uns Menschen interessiert? Wie könnte Gott eindrücklicher beweisen, dass ihm das Geschehen auf dieser Welt nicht gleichgültig ist, sondern ihn brennend interessiert? Gott lässt sich in Jesus Christus ganz auf unser Menschsein ein. Gott weiss, wie es ist, als Mensch in dieser Welt zu leben. Er kennt es aus eigener Erfahrung. Gott wird Mensch, wechselt die Seite vom Schöpfer zum Geschöpf – welch eine gewaltige Bewegung. Dramatik pur. Das stellt alles Reden von einem fernen, apathischen, uninteressierten und weltfremden Gott völlig auf den Kopf. Gott steigt in unsere Schuhe, spricht unsere Sprache, lebt unter uns Menschen.

Doch diese Bewegung aus der Höhe in die Tiefe geht noch weiter! Jesus geht seinen Weg konsequent weiter. Er steigt noch tiefer hinab. Der absolute Tiefpunkt ist das Kreuz. Jesus nimmt das Menschsein auf sich – inklusive Tod. Der Tod, diese schmerzhafte Grenze, die uns gesetzt ist, wird von Jesus nicht elegant umfahren. Gott wird Mensch, durch und durch Mensch – und dazu gehört auch der Tod. Doch damit nicht genug. Es ist nicht ein heroischer Tod, nicht ein stiller Tod im Schlaf, nicht der Tod als Abschluss einer Krankheitsgeschichte. Jesus stirbt wie ein Verbrecher, wie ein Staatsfeind, wie ein Aufrührer. Es ist ein Tod, der bis heute manche philosophisch denkenden Menschen erschauern lässt. Dieser Gott, der Mensch wird, stirbt einen schrecklichen, grausamen Tod. Das Kreuz bedeutet: Nägel werden durch seine Hände getrieben, Nägel werden durch seine Füsse getrieben. Die Glieder renken aus vom Gewicht des Körpers. Qualvoll verliert der Gekreuzigte sein Leben. Stundenlang geht es, bis er stirbt.

Und Gott lässt sich das von uns Menschen gefallen!!! Gott ist sich nicht zu gut, von uns Menschen sogar zum Verbrecher gemacht zu werden. Was ist das für ein Gott? Ein Gott, der aus eigener Erfahrung weiss, was es heisst, qualvolle Schmerzen zu leiden, von Menschen gequält zu werden, unschuldig verleumdet, verurteilt, gefoltert und getötet zu werden.
Das ist Karfreitag! Was für ein Gott, der uns in Jesus entgegentritt! Was für ein Gott, der diesen radikalen Weg geht! Die Tiefen und Abgründe unseres Menschseins sind ihm nicht verborgen. Welch ein Gott, der sogar das Kreuz auf sich nimmt! Wenn einer uns verstehen kann, dann der Schöpfer unseres Lebens, der sich in Jesus ganz auf die Realität unseres menschlichen Lebens eingelassen hat. Das ist Karfreitag!

2. Aus der Tiefe in die Höhe

Das ist die zweite Bewegung in diesem Lied. Von Karfreitag aus, vom Kreuz aus, geht die Bewegung wieder steil nach oben. Jesus erhält den höchsten Rang und Namen – nicht durch knallharte, erbarmungslose Führung, nicht durch eine Erfolgsideologie, nicht durch eine Mordsanstrengung – sondern durch die scheinbare Niederlage am Kreuz. Dadurch, dass er eben wirklich „untendurch“ ging. Diese Stellung von Jesus, die hier besungen wird, findet ihre Entsprechung, ihre Antwort in zwei menschlichen Gesten, die Anerkennung zum Ausdruck bringen. Körperlich durch das Beugen der Knie – damals gängige Geste der Unterordnung gegenüber Mächtigen. Verbal durch das Bekenntnis: Jesus Christus ist der Herr!

Wenn wir dieses Lied ernstnehmen und den angefangenen Gedanken zu Ende denken, dann gibt es für uns zwei Varianten: entweder stellen wir uns diesem Anspruch Jesu (höchster Rang, höchster Name) erst dann, wenn es offensichtlich vor Augen steht und unausweichlich ist – oder: wir tun es schon jetzt. Die ganze Schöpfung wird hier aufgeboten, dieses Bekenntnis abzulegen und die Stellung Jesu anzuerkennen. Weshalb sollten wir es nicht schon jetzt tun?

Die Bewegung geht von oben nach unten – und wieder von unten nach oben. Von der Schöpfung zu Weihnachten und weiter zum Kreuz – und dann steil nach oben: Ostern und Himmelfahrt. Nun macht Paulus einen Kniff – und der geht so. Dieser Weg von Jesus – von oben nach unten und retour - dieser Weg hat Vorbildcharakter für alle Christinnen und Christen. Unser Leben soll von Jesus und seinem Weg her geprägt werden. Was ist damit gemeint?

Erstens: wenn Gott ganz Mensch, dann sollen auch wir es werden. Je mehr wir Jesus Christus nachfolgen, desto menschlicher im besten Sinne werden wir. Zweitens: wenn Jesus Christus Privilegien loslassen konnte, um uns zu dienen, dann geht auch unser Weg da durch ... Privilegien loslassen. Verzicht üben. Das schmerzt in unseren Ohren, weil uns täglich andere Töne vorgesungen werden. Aber die Realität dieser Worte bleibt: der Weg von Menschen in der Nachfolge des Gekreuzigten und Auferstandenen ist nicht nur, aber auch ein Weg des Verzichts. Dabei geht es nicht um einen finstern, lebensfeindlichen Verzicht mit grimmiger Miene, damit es möglichst alle sehen, wie wir verzichten etc. Sein Verzicht hatte unser Wohl vor Augen. Drittens: Jesus hat es vorgelebt: der Weg in die Höhe führt durch die Tiefe. Wer Jesus nachfolgen will, wird auch die Niedrigkeit, das Geringe, das Alltägliche, das Verachtete nicht scheuen – weil Jesus selber es nicht gescheut hat.

Fazit: Wer Jesus nachfolgt, wird sich nicht sperren, menschlicher, echter und tiefer zu werden. Er wird sein Leben wie Jesus als Dienst für andere leben und nicht wie ein Kreisel nur um die eigene Achse drehen. Ohne Verzicht ist das nicht möglich.

AMEN.

Dranbleiben oder Loslassen – oder beides?

Also, meine Lieben, – wie ihr allezeit gehorsam gewesen seid, nicht allein in meiner Gegenwart, sondern jetzt noch viel mehr in meiner Abwesenheit – schaffet, dass ihr selig werdet, mit Furcht und Zittern. Denn Gott ist's, der in euch wirkt beides, das Wollen und das Vollbringen, nach seinem Wohlgefallen. Tut alles ohne Murren und ohne Zweifel, damit ihr ohne Tadel und lauter seid, Gottes Kinder, ohne Makel mitten unter einem verdorbenen und verkehrten Geschlecht, unter dem ihr scheint als Lichter in der Welt, dadurch dass ihr festhaltet am Wort des Lebens, mir zum Ruhm an dem Tage Christi, sodass ich nicht vergeblich gelaufen bin noch vergeblich gearbeitet habe. Und wenn ich auch geopfert werde bei dem Opfer und Gottesdienst eures Glaubens, so freue ich mich und freue mich mit euch allen. Darüber sollt ihr euch auch freuen und sollt euch mit mir freuen. (Philipper 2,12-18)

Liebe Gemeinde,

Dranbleiben oder Loslassen?

Kürzlich sass ich mit zwei engen Freunden zusammen. Wir treffen uns etwa monatlich für eine Austauschrunde. Der eine ist Sänger, der andere Finanz- und Personalchef in einer mittelgrossen Immobilienfirma. Als Pfarrer bin ich der dritte im Bund. Wir sprachen über unser Ergehen: über Ehe, Familie, Beruf, Fitness, aktuelle Herausforderungen etc. Plötzlich diskutierten wir intensiv über ein ernsthaftes Problem, das einen von uns beschäftigte. Ich verrate nicht, was es war. Aber die Frage war: mit diesem bedrängenden Lebensproblem – sollte man als Betroffener nun dranbleiben und hart daran arbeiten? Oder muss man sich im Loslassen und in Gelassenheit üben?

Dranbleiben oder loslassen?
Ich denke an Menschen, denen es an ihrer jetzigen Stelle nicht gefällt. Dranbleiben oder loslassen? Ich denke an Ehepaare, die im gemeinsamen Leben an Grenzen stossen, wo es scheinbar nicht weitergeht in der Beziehung. Dranbleiben oder loslassen? Ich denke an alle, die in Ausbildungen stehen und merken, dass sie trotz Anstrengungen den Anforderungen nicht genügen. Dranbleiben oder loslassen? Ich denke an alle, die nach einem Spitalaufenthalt sich im alltäglichen Leben wieder zurechtfinden müssen und sich diese Frage stellen: Dranbleiben oder loslassen?

Dranbleiben. Das heisst: aktiv werden – oder wie die Manager sagen: proaktiv. Nicht einfach nur reagieren auf Dinge, die passieren, sondern im vorausschauend etwas tun. Die Initiative ergreifen. Sich engagieren. Sich einsetzen. An einer Lösung hart arbeiten und mit anderen zusammen darum ringen.

Loslassen. Das heisst: Distanz gewinnen. Abstand nehmen. Sich nicht auffressen lassen von Dingen, die auf mich einströmen. Vertrauen, dass sich zur rechten Zeit eine Lösung zeigen wird. Wissen, dass nicht alles von meiner Arbeit, meiner Kraft, meinen Aktivitäten, meine Ideen und meinem Engagement abhängt.

Dranbleiben oder Loslassen? Mich beschäftigt oft die Frage, welche Spur ich jetzt verfolgen soll. Hart dranbleiben oder vertrauend loslassen. Geht es ihnen auch so? Wann ist mein Loslassen gefragt? Und wann ist mein Dranbleiben gefordert?

Vielleicht kennen sie auch dieses bekannte Gebet, das sich die Anonymen Alkoholiker als Motto gegeben haben:

Gott gebe mir die Gelassenheit, Dinge hinzunehmen, die ich nicht ändern kann.

Er gebe mir den Mut, Dinge zu ändern, die ich zu ändern vermag;

und die Weisheit, das eine vom anderen zu unterscheiden."

(diverse Zuschreibungen dieses Zitats u.a. Christoph Oettinger, 1702-1782)

Dranbleiben oder Loslassen?
Wenn ich mich nun als Fragender diesen Sätzen von Paulus zuwende, dann finde ich diese Frage auch bei ihm. Wir tun gut daran, das näher anzuschauen, weil er es als ganz grundlegende Frage des Christseins behandelt:

... schaffet, dass ihr selig werdet, mit Furcht und Zittern. Denn Gott ist's, der in euch wirkt beides, das Wollen und das Vollbringen, nach seinem Wohlgefallen.

So schreibt er es aus seiner Gefangenschaft den Christen in Philippi, die er herzlich als „meine Lieben" anredet. Und nun werfe ich wieder die Frage auf: Was meint Paulus? Sollen wir dranbleiben – oder sollen wir loslassen?

Mit anderen Worten: Paulus gelingt hier ein Kunststück, das nur wenigen christlichen Theologen nach ihm wirklich gelungen ist. Bei den meisten kippt es auf die eine oder auf die andere Seite. Entweder es wird das Dranbleiben einseitig betont – und wir enden in christlichem Stress und denken am Ende, dass unser Christsein oder - noch schlimmer - das Reich Gottes von unseren eigenen Aktivitäten abhängt. Oder es wird das Loslassen einseitig betont – und wir enden in einer Sackgasse von Trägheit, passivem Hinnehmen und unchristlicher Schicksalsergebung. Beide Sackgassen meidet Paulus. Er kämpft dagegen, dass Christen den Eindruck haben: wenn ich mich einmal Christus zugewandt habe, dann ist ja alles bestens, es ist alles geregelt, ich kann zurücklehnen. Er kämpft aber ebenfalls dagegen, dass Christen sich einen unheiligen Stress auferlegen und in ihrer eigenen Anstrengung die Grundlage für ihr Heil sehen. Für ihn heisst es deshalb nicht im Sinne von ausschliessenden Alternativen: Dranbleiben ODER Loslassen? Sondern: DRANBLEIBEN UND LOSLASSEN!!! Paulus verbindet beides miteinander. Christ werden, Christ bleiben und Christ sein bedeutet für ihn beides: Dranbleiben UND Loslassen. Wenn wir träge werden und in unserem Christsein nachlassen, dann rüttelt uns der erste Satz auf: *schaffet, dass ihr selig werdet, mit Furcht und Zittern.* (in den Worten der Einheitsübersetzung: „Arbeitet an euch selbst mit Furcht und Zittern!") Wenn wir mit Engagements und Diensten nur noch im Roten drehen, dann gilt uns zur Zeit mehr der zweite Satz, der uns Gelassenheit lehrt: *Denn Gott ist's, der in euch wirkt beides, das Wollen und das Vollbringen, nach seinem Wohlgefallen.* Beides gehört zusammen!

Wir müssen uns im Klaren sein, dass Paulus gerade vorher den Weg von Christus nachgezeichnet hat – den Weg von Weihnachten, Karfreitag, Ostern und Auffahrt. In dem, was durch Christus geschehen ist, liegt für ihn unbestreitbar die Grundlage unseres Christseins, unserer Erlösung und Befreiung. Nun liefert er aber sofort – unmittelbar danach – diese Sätze. Christinnen und Christen sollen nicht beim Kopfnicken stehenbleiben und theoretisch das gutheissen, was Christus getan hat. Paulus will, dass unsere Lebensführung im Alltag davon geprägt wird. Er will Christen herausfordern, ihr Leben in Entsprechung zum Evangelium von Jesus zu führen. Dies im Wissen um die Kraft des lebendigen Gottes, der in uns wirkt und dem wir Raum schenken sollen.

Wie stellt er sich nun diese Lebensführung der Christen vor? Wenn wir weiterlesen in seinem Brief an die Christen in Philippi, dann bekommen wir weitere Hinweise:

1. Vollkommenheit als Ziel: Paulus fordert die Christen heraus, in dem er ihnen das Ziel vor Augen stellt: Vollkommenheit. Das provoziert bei allen christlichen Aktivismus-Geschädigten Stress. Reinheit, Fehlerlosigkeit, Vollkommenheit – sind wir das wirklich? Wer da ja sagt, um den bange ich ernsthaft. Dann ist man schon bedenklich nahe beim Gebet des Überheblichen: „Gott, ich danke Dir, dass ich nicht so bin wie die anderen Menschen!" Paulus weiss sehr wohl, dass weder er noch die anderen Christen schon vollkommen sind! Das wäre Augenwischerei und Selbstbetrug. Die Konsequenz ist

Arroganz. Nein: Paulus schildert die *Richtung*, in die wir unterwegs sind und stellt uns das *Ziel* vor Augen. Das bedeutet: die unreinen Dinge in meinem Tun, Denken und Wollen nicht rechtfertigen, sondern bekennen. Die grossen und kleinen Schweinereien im eigenen Leben nicht tolerieren und nicht als unveränderbar hinnehmen. Das Ziel ist Vollkommenheit. Paulus weiss, dass die Christen in Philippi noch nicht dort angekommen sind. Genau deshalb mahnt er sie ja mit seinen Worten. Wenn sie schon vollkommen wären, gäbe es nichts mehr zu mahnen und zu schreiben.

2. Christinnen und Christen als Orientierungshilfe: Paulus fordert die Christen heraus, unterscheidbar zu leben, Vorbildfunktion wahrzunehmen und anderen Menschen zur Orientierungshilfe in einer orientierungslosen Zeit zu werden. Ich meine, dass diese zweite Herausforderung nichts von ihrer Aktualität verloren hat. Bin ich, sind wir unterscheidbar, wahrnehmbar als Christen durch unsere Lebensführung? Können sich andere Menschen an mir ein Vorbild nehmen? Bin ich eine Orientierungshilfe für meine Umgebung? Sind wir solche Sterne am Nachthimmel, wie es hier so bildhaft schön beschrieben wird? Vielleicht sollten wir einmal Menschen unseres Vertrauens – auch Menschen, die mit dem Glauben wenig oder nichts am Hut haben – dazu befragen. Manchmal können sie das besser beurteilen als wir selbst, ob wir Orientierungshilfe und Vorbild sind.

3. Die Menschen achten, die uns das Evangelium weitergegeben haben: Paulus fordert heraus, seine Weitergabe des Evangeliums zu krönen durch die entsprechende Lebensführung. Blenden wir einen kurzen Moment zurück. Das Evangelium wird uns in der Regel von Mitmenschen weitergegeben. Sie haben sich eingesetzt und uns vielleicht unscheinbar gedient, haben uns die biblischen Geschichten und Inhalte weitergegeben, haben uns betend begleitet und waren vielleicht im entscheidenden Moment für wegweisende Hilfe abkömmlich. Genau diese Stellung hat Paulus gegenüber den Christinnen und Christen in Philippi. Er hat ihnen das Evangelium gebracht. Er weiss aber, dass dies noch nicht die ganze Miete ist. Nun möchte er, dass sie von dieser Realität gepackt und geprägt werden in ihrer Lebensführung. Und das ganz gleichgültig, ob er nun als Apostel in der Nähe ist oder weit weg, ob er es mitbekommt oder nicht. Paulus möchte nicht nur, dass sie in seinem Beisein ein Anfang im Christsein gewagt haben, sondern dass sie ihr Leben als Christen gestalten und das grosse Ziel erreichen. Dafür hat er sich eingesetzt.

Zum Schluss noch: Fast die schwierigste Knacknuss in unserem Abschnitt ist das Bild vom Opfern, das Paulus braucht. Das lasse ich noch offen. Ich bin da noch nicht weitergekommen, den Inhalt dieser Sätze zu durchdringen und zu verstehen. Auch mir geht als Leser der Bibel manchmal so ... Dann denke ich an das geflügelte Wort von Mark Twain (1835-1910): „It ain't the parts of the Bible that I can't understand that bother me, it is the parts that I do understand. - Nicht diejenigen Teile der Bibel bereiten mir Kopfzerbrechen, die ich nicht verstehe, sondern diejenigen, die ich verstehe." Denn da sind wir mit unserem Leben gefordert.

AMEN!

Engagierte Mitspieler im Team

Ich hoffe aber in dem Herrn Jesus, dass ich Timotheus bald zu euch senden werde, damit ich auch erquickt werde, wenn ich erfahre, wie es um euch steht. Denn ich habe keinen, der so ganz meines Sinnes ist, der so herzlich für euch sorgen wird. Denn sie suchen alle das Ihre, nicht das, was Jesu Christi ist. Ihr aber wisst, dass er sich bewährt hat; denn wie ein Kind dem Vater hat er mit mir dem Evangelium gedient. Ihn hoffe ich zu senden, sobald ich erfahren habe, wie es um mich steht. Ich vertraue aber in dem Herrn darauf, dass auch ich selbst bald kommen werde. Ich habe es aber für nötig angesehen, den Bruder Epaphroditus zu euch zu senden, der mein Mitarbeiter und Mitstreiter ist und euer Abgesandter und Helfer in meiner Not; denn er hatte nach euch allen Verlangen und war tief bekümmert, weil ihr gehört hattet, dass er krank geworden war. Und er war auch todkrank, aber Gott hat sich über ihn erbarmt; nicht allein aber über ihn, sondern auch über mich, damit ich nicht eine Traurigkeit zu der anderen hätte. Ich habe ihn nun umso eiliger gesandt, damit ihr ihn seht und wieder fröhlich werdet und auch ich weniger Traurigkeit habe. So nehmt ihn nun auf in dem Herrn mit aller Freude und haltet solche Menschen in Ehren. Denn um des Werkes Christi willen ist er dem Tode so nahe gekommen, da er sein Leben nicht geschont hat, um mir zu dienen an eurer statt. (Philipper 2,19-30)

Liebe Gemeinde,

es geht um Teamwork! Da ist ein Leichtathlet, ein Läufer, der sich auf Olympia vorbereitet. Für einen Wettkampf, der als Formtest dient, ziehen seine beiden Trainingspartner als „Hasen" den Lauf an und ermöglichen ihm eine international beachtliche Zeit. Das ist Teamwork! Zwei Trainingspartner, der Trainer und der Läufer sind beteiligt.

Da ist eine Fussball- oder Eishockeymannschaft, die von ihrem Trainer zu einem dynamischen Team zusammen geschweisst wird, in dem jeder für jeden kämpft. Eine Mannschaft, die nicht von herausragenden Stars lebt, sondern von einer starken Gemeinschaft. Siege sind Gemeinschaftswerk. Niederlagen werden gemeinsam bewältigt. Teamwork! Elf auf dem Feld, die Ersatzspieler auf der Bank, der mitfiebernde und mitleidende Trainer, all die weiteren Helfer im Hintergrund. Zusammen bilden sie ein Team.

Da ist eine Wohngemeinschaft, eine Familie, eine Arbeitsgruppe, ein Gemeinderat, ein Büro, eine Kirchenpflege, ein Ehepaar, ein OK, ein Vorbereitungsteam. Da ist Teamwork gefragt. Es braucht Einzelne, die sich einsetzen, aber sie müssen lernen, gut zusammen zu arbeiten. Teamwork!

„Engagiert mitspielen im Team“ – so habe ich diese Predigt überschrieben. Warum? Weil uns hier zwei Menschen vorgestellt werden, auf die genau das zutrifft. Sie haben engagiert mitgespielt, mitgearbeitet, mitgerungen, mitgefiebert, mitgelitten, mitgebetet, mitgekämpft. Sie sind Teil eines Teams, das vom Leben und Wirken von Jesus fasziniert und motiviert ist. Die Rede ist von Timotheus und Epaphroditus. Sie bekommen hier beide vom Apostel Paulus, ihrem „Trainer“, ein Arbeitszeugnis ausgestellt.

Nun, ein Arbeitszeugnis ist eine sensible Sache. Dementsprechend verschieden fallen sie auch aus. Da steht manches geschrieben – und anderes wird bewusst verschwiegen. Denken sie an das letzte Arbeitszeugnis, das sie erhalten haben. Ich habe alle, die mich betreffen, friedlich in einem Ordner versammelt - zusammen mit Schulzeugnissen und weiteren Papieren. Sehr ausführliche und sehr knappe Arbeitszeugnisse hat es da. Detaillierte und differenzierte – und solche, die floskelhaft formuliert sind. Solche, die mehr und solche, die weniger vorteilhaft für mich ausfallen.

Die beiden Arbeitszeugnisse hier fallen vorteilhaft aus. Was schätzt Paulus an diesen beiden Mitarbeitern?

Der erste ist *Timotheus*. Paulus geizt nicht mit wertenden Adjektiven, um ihn zu qualifizieren. Er kommt sehr gut weg. Dies, obwohl Paulus ihn seit Jahren kennt, ihn auf langen ermüdenden Reisen erlebt und ihm verschiedene schwierige Aufträge anvertraut hat. Vier Eigenschaften sind es, die Timotheus als Teammitglied auszeichnen. Das schätzt Paulus an ihm:

- seine *Zuverlässigkeit*: auf ihn können sich die anderen im Team verlassen; was er zusagt, wird ausgeführt; er ist loyal.
- seine *Selbstlosigkeit*: er ist nicht auf sich und seine eigenen Bedürfnisse fixiert; er kann seine eigenen Interessen zurückstellen, wenn es dem Team und der Sache dient.
- sein *Engagement*: er ist ganz bei dem, was er tut; er investiert sich in seine Lebensaufgabe, von der er überzeugt ist; mit viel Einsatz hat er sich für das Evangelium von Jesus Christus exponiert.
- seine *Konstanz*: da geht es nicht um Strohfeuer-Begeisterung, die so schnell weg ist, wie sie gekommen ist; Timotheus ist schon seit Jahren dabei - konstant dabei; er hat sich bewährt; er ist eine sichere Stütze im Team – wegen seiner Konstanz, seiner Festigkeit, seiner Zuverlässigkeit.

Wer wünscht sich nicht solche Mitarbeiter? Mitarbeiter, die man ungeschminkt als zuverlässig, selbstlos, engagiert und bewährt qualifizieren kann? Wohl dem Land, das solche

Persönlichkeiten als Verantwortungsträger wählt und einsetzt. Wohl der Firma, die solchen das Ruder anvertraut. Wohl der Mannschaft, die tragenden Säulen hat.

Als zweite Person tritt der Christ *Epaphroditus* in unser Blickfeld. Da fällt bei diesem exotischen Namen sofort etwas Eigenartiges auf. Epaphroditus ist die Vertrauensperson der Christen in Philippi, die mit einer mittelprächtigen Geldgabe zu Paulus geschickt wird, um ihn zu unterstützen und zu ermutigen. Christ mit Haut und Haar, mit Leib und Seele. Sein Geldtransport von Philippi zu Paulus hätte ihn beinahe das Leben gekostet. Wir wissen leider nichts Näheres über diese Geschichte, ausser dass eine Krankheit erwähnt wird, die offenbar fast ins Auge gegangen wäre. Und nun das Erstaunliche und Eigenartige: in seinem Namen steckt die antike Göttin Aphrodite. Nun, eine Liebesgöttin im eigenen Namen verpackt, ist nicht jedes Christen Sache. Manch einer – vielleicht sogar unter uns - hätte seinen Namen bei dieser Sachlage lieber ändern wollen. Aber nicht einmal der grosse Missionar Paulus scheint sich daran gestört zu haben. Offenbar hatte er wichtigere Geschäfte.

Auch Epaphroditus hat engagiert in Team von Paulus mitgewirkt – zumindest temporär, sozusagen als Praktikant. Seine Einsatzbereitschaft hat er unter Beweis gestellt. Auch er hat seine eigenen Interessen und persönlichen Vorlieben für den Horizont der unübertrefflichen Botschaft von Jesus zurückgestellt. Paulus beschreibt ihn als Bruder, als Mitarbeiter und als Mitstreiter. Er hat ihn als Teil der Familie Gottes, als fairen Arbeitskollegen und einsatzbereiten Kämpfer erlebt. So hat er ihm dann auch den Brief an die Christen in Philippi anvertraut, den er mit nach Hause nehmen konnte.

Engagiert mitspielen im Team. Mir fällt folgendes auf: Paulus hat ein Lied, das den Weg von Jesus beschreibt, in die Mitte seines Briefes gestellt. Jesus ging den Weg aus der Höhe in die Tiefe, in dem er auf vieles verzichtete, um ganz Mensch zu werden. Nachdem er untendurch ging bis zum Kreuz, hat er den steilen Aufstieg durch die Auferstehung erlebt. Sowohl Timotheus als auch Epaphroditus sind nun lebendige Beispiele dafür, wie Christen diesen Weg von Jesus, diese Bewegung seines Lebens mit ihrem eigenen Leben nachzeichnen. Timotheus hat gelernt in der Nachfolge des Gekreuzigten und Auferstandenen, sich selbstlos um andere zu kümmern. Epaphroditus hat für Paulus, für seine Mitchristen und für das Evangelium Risiken auf sich genommen, sogar sein Leben aufs Spiel gesetzt. Hat nicht Jesus genau das getan? Genau das können wir von ihnen beiden lernen. Sie sind einfach Beispiele für Menschen, die sich für ihr Leben und ihren Alltag an Jesus orientiert haben. Genau das hat ja Paulus den Philippern auch kurz vorher empfohlen: *Seid so unter euch gesinnt, wie es auch der Gemeinschaft in Christus Jesus entspricht* ... Oder in einer anderen Übersetzung: *„Denkt nicht an euren eigenen Vorteil, sondern an den der anderen, jeder und jede von euch! Habt im Umgang miteinander stets vor Augen, was für einen Massstab Jesus Christus gesetzt hat."*

Darauf folgt das Lied, das den Weg von Jesus beschreibt, wie er eben nicht an seinen eigenen Vorteil dachte, sondern sein Leben als Dienst gestaltete. Und dann werden wenig später diese beiden Arbeitszeugnisse ausgestellt. Ist das Zufall? Wohl kaum! Paulus führt hier zwei Menschen als lebendige Beispiele an. Das Evangelium ist und bleibt keine leblose, graue, staubige Theorie. Plötzlich sind Gesichter und Namen da. Menschen, die sich vom Leben und Wirken von Jesus inspirieren und beflügeln liessen, die seinem Geist Raum in ihrem Leben gaben. Menschen, die sich nicht im Kreisen um sich selbst und ihren Bauchnabel zu Tode drehten, sondern Gott und seine Herrschaft als Fixpunkte ihrer Lebensreise festmachten. Menschen, die um die eigene Karriere, Familie, Hobby, Finanzen und Garten drehten ...

Beim Bewegen dieser Zeilen tauchen Fragen auf: Wie stark ist unser Leben von Jesu Leben, unser Weg von Jesu Weg gezeichnet? Sind wir fixiert auf unsere eigenen Angelegenheiten? Oder sind wir offen für Gottes Ideen, die er für unsere Zukunft hegt? Sind wir bereit, Egoismus und Selbstsucht loszulassen und unser Leben in der Spur von Jesus als Dienst für ihn und für andere zu gestalten? Spielen wir engagiert mit in *seinem* Team?

AMEN!

Vom Umgang mit Gegnern

Weiter, liebe Brüder: Freut euch in dem Herrn! Dass ich euch immer dasselbe schreibe, verdrießt mich nicht und macht euch umso gewisser. Nehmt euch in Acht vor den Hunden, nehmt euch in Acht vor den böswilligen Arbeitern, nehmt euch in Acht vor der Zerschneidung! Denn wir *sind die Beschneidung, die wir im Geist Gottes dienen und uns Christi Jesu rühmen und uns nicht verlassen auf Fleisch, obwohl ich mich auch des Fleisches rühmen könnte. Wenn ein anderer meint, er könne sich auf Fleisch verlassen, so könnte ich es viel mehr, der ich am achten Tag beschnitten bin, aus dem Volk Israel, vom Stamm Benjamin, ein Hebräer von Hebräern, nach dem Gesetz ein Pharisäer, nach dem Eifer ein Verfolger der Gemeinde, nach der Gerechtigkeit, die das Gesetz fordert, untadelig gewesen. Aber was mir Gewinn war, das habe ich um Christi willen für Schaden erachtet. Ja, ich erachte es noch alles für Schaden gegenüber der überschwänglichen Erkenntnis Christi Jesu, meines Herrn. Um seinetwillen ist mir das alles ein Schaden geworden, und ich erachte es für Dreck, damit ich Christus gewinne und in ihm gefunden werde, dass ich nicht habe meine Gerechtigkeit, die aus dem Gesetz kommt, sondern die durch den Glauben an Christus kommt, nämlich die Gerechtigkeit, die von Gott dem Glauben zugerechnet wird. Ihn möchte ich erkennen und die Kraft seiner Auferstehung und die Gemeinschaft seiner Leiden und so seinem Tode gleich gestaltet werden, damit ich gelange zur Auferstehung von den Toten.*
(Philipper 3,1-11)

Liebe Gemeinde,

Kann man so mit Gegnern umgehen?
Kann man *als Christ* so mit Gegnern umgehen?

Nun, der Apostel Paulus tut es hier. Er nimmt kein Blatt vor den Mund. Er wird heftig gegenüber seinen Gegnern – zumindest emotional und verbal. Das war aber nicht immer so.

Früher - *vor* seiner Hinwendung zu Christus – war Paulus ein Verfolger der christlichen Gemeinden. Und er hat in diesem Kampf nicht etwa nur Worte und Emotionen eingesetzt. Vielmehr hat er Christen handfest verfolgt, für ihre Inhaftierung gesorgt und war beispielsweise führend an der Steinigung des Stephanus beteiligt. Das heisst: er hat *gewaltsame* Mittel propagiert und auch eingesetzt, um religiöse Abweichler – solche waren für ihn damals die Christinnen und Christen – auszumerzen oder auf Kurs zu bringen.

Nun ist mir nicht bekannt, dass Paulus *nach* seiner Hinwendung je wieder solche Mittel eingesetzt hat. Im Gegenteil! Er wechselte die Seite und wurde so vom Verfolger zum Verfolgten. Statt *andere* zu verfolgen, wurde er *selber* verfolgt. Er wurde inhaftiert, geschlagen, geprügelt, gesteinigt. Die Berichte sind sich einig, dass Paulus Gewalt erlitten hat – aber er hat nicht zurückgeschlagen. Offenbar hat er gelernt, dass diese früher von ihm praktizierten Mittel für die Verbreitung der guten Nachricht von Jesus Christus absolut untauglich und ungeeignet sind.

Trotzdem hier wird er heftig – das lässt sich nicht bestreiten. Aber: Dürfen Christen denn nie heftig werden? Müssen sie immer brav und angepasst und nett und ausgeglichen sein? Dürfen sie nie eine saure Miene haben, müssen sie dafür ständig ein Zahnpasta-Werbungs-Lächeln zur Schau tragen? Nun, mit diesen rhetorischen Fragen karikiere ich eine Vorstellung vom Christsein, die in unserer Umgebung und vielleicht auch in uns selbst verbreiteter ist, als es uns gefallen kann. Wahrscheinlich wären nur wenige der Jünger von Jesus da als Christen durchgegangen. Petrus hätte auf jeden Fall den Anständigkeits-Test nicht bestanden und dürfte sich nicht Christ nennen. Aber auch Jesus selbst entspricht ja nicht dieser Vorstellung eines ecken- und kantenlosen Mitbürgers. Wie passt denn beispielsweise die Tempelräumung in das Bild eines braven und angepassten Heilands, der nur lieb und nett sein darf???

Meine Meinung: Paulus wird hier so heftig, weil es um eine ganz zentrale, matchentscheidende Sache geht. Paulus wird hier so heftig, weil den christlichen Gemeinden ernste Gefahr droht. Paulus wird hier so heftig, weil das, was da läuft, den Kern des Evangeliums von Jesus Christus bedroht und in Frage stellt. Und das kann er nicht einfach so hinnehmen. Er muss die Gemeinde warnen. Er muss die Gemeinde aufrütteln. Sie muss merken, dass es eine ernste Warnung ist. So kommt es heftig und erregt aufs Papier:

Nehmt euch in Acht vor den Hunden, nehmt euch in Acht vor den böswilligen Arbeitern, nehmt euch in Acht vor der Zerschneidung! Denn wir *sind die Beschneidung, die wir im Geist Gottes dienen und uns Christi Jesu rühmen und uns nicht verlassen auf Fleisch, obwohl ich mich auch des Fleisches rühmen könnte.*

Rätselhaft klingen diese Sätze, aber sie sind einfacher, als es auf den ersten Blick scheint. Zu dieser Zeit sind noch andere „Missionare“ unterwegs. Paulus qualifiziert sie kurzerhand als *falsche* Missionare. Es sind Leute, die wie Paulus ein starkes Sendungsbewusstsein haben, aber sie haben eine andere Botschaft. Paulus spricht ihnen ab, dass sie von Gott gesandt sind.

Sie gehen den christlichen Gemeinden nach und sagen den Leuten: „Wenn ihr wirklich Christen sein wollt, dann müsst ihr euch beschneiden lassen, wie es das Alte Testament für

Juden vorschreibt. Ihr braucht unbedingt dieses äussere Zeichen der Beschneidung. Das lässt sich aus der Bibel belegen!" Für das Christsein ist die Beschneidung unverzichtbar – so die Forderung dieser Missionare. Dass dies vor allem für nichtjüdische Christen sehr problematisch ist, liegt auf der Hand. Sie sind ja nicht beschnitten. Damit wird die Beschneidung als Trennlinie von Judenchristen und Heidenchristen wieder aufgerichtet, obwohl die christliche Gemeinde gerade erst vor kurzem diese Trennlinie überwunden hat. Vielleicht bezeichnet Paulus deshalb diese Reiseprediger als „Zerschnittene". Durch ihr Reden wird das Band der Gemeinschaft in der christlichen Gemeinde wieder zerschnitten. Die Beschneidung wird zur Zerschneidung der Gemeinde. Die Konsequenzen dieser Haltung sind dramatisch. Das, was Christus getan hat, reicht trotz allen früheren Beteuerungen der christlichen Missionare nun scheinbar doch nicht aus, um das Heil zu finden. Es braucht zwingend noch dieses und jenes Supplement als *Voraussetzung* für das Heil. Solche Stimmen gibt es bis heute. Es ist wichtig, hier wachsam zu sein – auch heute.

Ja, da ***muss*** er heftig werden. Es geht ja um den Kern der guten Botschaft, um den Kern des Evangeliums von Jesus Christus. Gott nimmt uns an auf der Grundlage dessen, was *Jesus Christus* für uns getan hat. Das Heil gründet nicht auf unserem eigenen Tun, nicht auf unserer eigenen Leistung. Es zählt, was Christus getan hat. Darauf vertrauen wir.

Nun beginnt Paulus, diese judenchristlichen Missionare mit ihren eigenen Waffen zu schlagen: Er selbst erfüllt ja die geforderten Äusserlichkeiten bestens. Er könnte sich sogar damit brüsten. Einwandfreie Beschneidung. Einwandfreier Stammbaum. Er gehörte der strengen Richtung der Pharisäer an, die es mit dem Gesetz ausserordentlich ernst nahm. Wenn das Heil, die Erlösung, die Befreiung aus der Befolgung von bestimmten Vorschriften und Regeln (im Pharisäismus rechnet man mit 613 Geboten und Verboten ...) kommt, dann ist Paulus ganz vorne dabei. Er hat sich nichts vorzuwerfen, weil er es konsequent befolgt hat.

Aber er hat durch die Begegnung mit dem Gekreuzigten und Auferstandenen gemerkt, dass die eigenen Vorzüge und Leistungen niemals ausreichen können, wenn es um das Heil im Leben und im Sterben geht. In Christus ist das Heil zu finden, aber nicht in der Befolgung von bestimmten Vorschriften, von Geboten und Verboten.

Es ist dünnes Eis, auf dem wir uns hier bewegen und die kritischen Rückfragen sind vorprogrammiert: Sind Christen in dem Fall gesetzlose Menschen? NEIN! Sind Christen Menschen, die keine Gebote und Verbote respektieren? NEIN! Sind Christen Menschen, die zum Alten Testament keine positive Beziehung haben? NEIN! Lehnen Christen Vorschriften grundsätzlich ab? NEIN! Sind Christen ethisch unterbelichtete Menschen? Hoffentlich NEIN! Regeln – denken wir nur etwa an die 10 Gebote – gute Regeln helfen zur Lebensgestaltung und wir schaden uns selbst und anderen Menschen, wenn wir sie nicht beachten. Sie sind aber nicht Voraussetzung für unser Heil!

Hier aber geht es um unser Heil in Zeit und Ewigkeit. Wir finden es in Christus. Wir finden es, wenn wir ihn erkennen. Wir finden es in seinem Tod und seiner Auferstehung. Wir finden aber unser Heil nicht in der Aufstellung und Befolgung von frommen Forderungen. Wir finden unser Heil nicht in der sorgfältigen Beachtung von Vorschriftenkatalogen oder in einem engmaschigen Netz von Geboten und Verboten.

Eigenartigerweise denken aber viele Erwachsene, ja sogar Jugendliche und Kinder sofort an Gebote und Verbote, wenn vom Christsein die Rede ist. In der unausgesprochenen Definition vieler Menschen bei uns ist ein Christ, eine Christin zuerst und vor allem jemand, der bestimmte Dinge tun muss und andere Dinge nicht tun darf. Macht das wirklich das Christsein aus? Oder zugespitzt: Macht das mein Christsein aus, dass ich bestimmte Dinge tun muss und andere nicht tun darf?

Ich entdecke im Evangelium von Jesus Christus etwas ganz anderes: wir werden befreit durch die Begegnung mit dem Erlöser des Lebens. Der Kern des Christseins ist Christus, seine Person, sein Werk, sein Vorbild. Ihm begegnen, ihm vertrauen und mit ihm leben – darum geht es. Und dann, dass wir frei und offen dazu stehen können – und es auch ausstrahlen: Ich folge mit meinem Leben diesem Jesus. Oder mit Worten, die Paulus im gleichen Brief schreibt: *Denn Christus ist mein Leben* (Phil 1,21a).

Zum Schluss noch dies. Paulus schreibt: *Ihn möchte ich erkennen und die Kraft seiner Auferstehung und die Gemeinschaft seiner Leiden und so seinem Tode gleich gestaltet werden, damit ich gelange zur Auferstehung von den Toten.*

Gibt es eine stärkere Kraft als die, die den Tod überwunden hat? Diese Auferstehungskraft möchte Paulus in seinem eigenen Leben am Wirken sehen. Gibt es grösseres Leiden als das Leiden Christi, das unschuldige Leiden, das wehrlose Leiden, das ausgelieferte Leiden. Daran möchte Paulus Anteil nehmen. Christi Leiden und Auferstehungskraft in unserem eigenen Leben – das ist der Weg der Nachfolge in den Fussstapfen des Gekreuzigten und Auferstandenen. Beides gehört – oft eng verzahnt - zu diesem Weg: Leiden *und* Herrlichkeit. Bei ihm – und auch bei uns.

AMEN!

Unterwegs

Nicht, dass ich's schon ergriffen habe oder schon vollkommen sei; ich jage ihm aber nach, ob ich's wohl ergreifen könnte, weil ich von Christus Jesus ergriffen bin. Meine Brüder, ich schätze mich selbst noch nicht so ein, dass ich's ergriffen habe. Eins aber sage ich: Ich vergesse, was dahinten ist, und strecke mich aus nach dem, was da vorne ist, und jage nach dem vorgesteckten Ziel, dem Siegespreis der himmlischen Berufung Gottes in Christus Jesus. Wie viele nun von uns vollkommen sind, die lasst uns so gesinnt sein. Und solltet ihr in einem Stück anders denken, so wird euch Gott auch das offenbaren. Nur, was wir schon erreicht haben, darin lasst uns auch leben. (Philipper 3,12-16)

Liebe Gemeinde,

kürzlich habe ich mich auf eine Veloetappe der Nord-Süd-Route mit unserem ältesten Sohn durch die Schweiz vorbereitet. Wir konsultierten die Karte und überprüften Steigungen und Abfahrten. Schaffen wir diese Distanz? Haben wir uns zuviel oder zuwenig vorgenommen? Wie lautet die Wetterprognose? Sind die Fahrräder in Ordnung? Dann legten wir alles bereit: Sackmesser, Halbtax-Abo, Traubenzucker, Feldflasche, Karte, Regenschutz, Verpflegung, Kleinkamera ... So machten wir uns gut vorbereitet auf den Weg. Ausgangspunkt und Ziel waren klar. Wir verbrachten einen wunderbaren Tag. Die Aussicht auf die Berge, die Natur am Wegrand, die kurze Schifffahrt über den Vierwaldstättersee, das Zmittag in einem angeschriebenen Haus, die gute Ankunft am Ziel. Es war ein beglückendes Erlebnis.

Hier geht nicht um Radfahrer, sondern um Leichtathleten auf der Rennbahn - um Läufer im Wettkampf. Mit diesem Bild beschreibt Paulus sein eigenes Leben als Christ – und er schlägt seinen Mitchristen die gleiche Perspektive vor. Im Bild gesprochen: „Ich bin ein Läufer. Mein Leben ist wie ein Lauf. Ich bin unterwegs, strebe auf das Ziel meines Lebens zu." Wir denken da an Spitzenathleten vom 100 Meter-Läufer bis zum Marathonläufer. Paulus denkt aber an „Breitensport". Nicht nur die Läufer in der Arena, im Stadion, sondern *mein* Leben als Lauf. Das bedeutet doch viel konzentrierte Vorbereitung, manchen Verzicht und entschiedene Anstrengung, das bedeutet Hartnäckigkeit und Ausdauer. Ja: Gibt es denn nicht gemütlichere Bilder für Christsein? Die Feierabendbank, der duftende Kaffee am Morgen oder der Sonnenuntergang am Meer?

Nun, Paulus hat sich hier tatsächlich für dieses dynamische Bild entschieden. Christsein als „Lebenslauf" also, in den ich mich voll hineingebe. Mir fällt auf, dass in unseren westlichen Köpfen ganz andere Bilder über das Christsein herumschwirren. Christsein als Zustimmung zu bestimmten Lehrsätzen oder Bekenntnissen. Das Einhalten einer offenen oder verdeckten

Liste von Verhaltensvorschriften. Die Teilnahme an bestimmten religiösen Veranstaltungen. Das sind alles *statische* Definitionen des Christseins. Und jetzt kommt Paulus und definiert und beschreibt es dynamisch als Lauf.

Ich möchte vier Facetten dieses dynamischen Bildes ausloten, um die Bedeutung zu erhellen:

1. Das Laufbild bedeutet eine klare Absage an Überheblichkeit. Wer läuft, der ist noch nicht am Ziel angekommen. Er führt sich auch nicht so auf, als wäre er schon dort. Sonst kann er ja das Laufen einstellen. Der Lauf des Christseins ist für Paulus aber erst dann beendet, wenn das irdische Leben abgeschlossen ist. Paulus führt hier eine scharfe Spitze gegen Christen, die sich schon für vollkommen halten. Er hält zur Bescheidenheit und zur realistischen Selbsteinschätzung an. Wir sind noch unterwegs bedeutet auch: wir können noch dazu lernen. Und darum nutzen wir Gelegenheiten, die uns weiterbringen. Jegliche Überheblichkeit ist fatal für den Lauf.

2. Das Laufbild bedeutet: im Unterwegssein haben wir das Ziel vor Augen zu haben: Christsein meint: ich lebe auf ein Ziel zu, durch das mein Leben in den grossen, weiten Zusammenhang von Gottes Weg mit dieser Welt eingebettet ist. Ich lebe auf das Ziel zu, dass Gott seine Herrschaft sichtbar und spürbar aufrichten wird, indem er das Leid und die Tyrannei beendet und seiner Gerechtigkeit den Durchbruch verschafft. Mein Leben in der Gegenwart steht jetzt schon im Zeichen dieses anbrechenden Gottesreichs. Ich bin unterwegs im Blick auf dieses Ziel – und dieses Ziel gibt meiner Gegenwart Ausrichtung, Orientierung und Perspektive.

Wir denken an Läufer, die sich vorbereiten, um an einem grossen Wettkampf anzutreten. Sie kennen ihr Ziel. Sie wissen, weshalb sie dorthin reisen. Sie gehen, weil sie das Ziel erreichen möchten – und dazu wenn immer möglich mit einer Spitzen-Platzierung. Der Lauf wird taktisch angegangen. Nur wenig wird dem Zufall überlassen, auch wenn nicht alles planbar ist.

So weit, so klar. Und doch gibt es viel Verlegenheit, wenn Christen und Kirchen das Ziel ihres Wegs, das Ziel ihrer Reise benennen sollen. „Als wir das Ziel aus den Augen verloren, verdoppelten wir die Geschwindigkeit.“ – sagt ein Sprichwort. Das bedeutet: die Unklarheit im Blick auf das Ziel wird überdeckt durch Betriebsamkeit, durch Aktivismus, durch unnötige Anstrengung. Ein Läufer tut aber nicht alles Mögliche und Denkbare. Er beschränkt sich, er verzichtet auf Unnötiges. Er will das Ziel erreichen. Er tut das, was dazu nötig ist.

Paulus konnte das Ziel seines Laufs nennen! Können wir es auch? Oder anders und direkt gefragt: Wo willst Du denn hinkommen mit Deinem Leben? Was willst Du erreichen? Auf welches Ziel hin bewegst Du Dich?

3. Christsein bedeutet für Paulus: ich bin ergriffen – aber nicht nur emotional berührt und im nächsten Moment ist es bereits vorbei. Christus hat mich ergriffen. Und noch deutlicher: Christus hat von mir Besitz ergriffen. Beim Christsein geht es nicht in erster Linie um Dogmen, Lehrsätze, Rituale, Spenden und Verhaltensregeln. Es geht zuallererst um eine Person, die uns fasziniert und ergreift. Und zwar um *die* Person, die uns Menschsein in seiner Vielfalt und Fülle vorgelebt und auf den Punkt gebracht hat. Es geht um Jesus Christus.

   „Besitz ergreifen" klingt wenig einfühlsam. Wir kennen Personen, die von anderen Besitz ergreifen und ihre Zeit, ihr Geld und ihre Gutgläubigkeit ausnutzen. Selbstverständlich ist Abwehr in dieser Situation eine gesunde Reaktion auf einen solchen Übergriff. Und doch bleibt der Stachel, dass der Schöpfer und Befreier der Welt von Menschen Besitz ergreifen will. Das führt uns zum Bodensatz des christlichen Glaubens. Wenn Gott der Schöpfer meines Lebens ist, dann stamme ich sozusagen aus seinem Atelier. Ich trage die Spuren seines Wirkens an mir. Dann ist die Eigentums- und die Zugehörigkeitsfrage gar nicht so kompliziert, wie sie im ersten Moment scheint. Und doch geben wir mit unserem Leben ganz andere Antworten auf die Frage: „Wem gehöre ich mit meinem Leben? Und ***zu*** wem gehöre ich?" Ansprüche auf unser Leben werden ja von allem möglichen Seiten erhoben: von der eigenen Familie und Verwandtschaft, vom Partner und von den Kindern, von Kollegen und Freunden, vom Arbeitgeber usw. Und genau diese vielen Besitzansprüche werden relativiert durch den Anspruch Gottes. Das bedeutet konkret: von anderen Menschen in einem gesunden Mass frei zu sein *durch die Bindung an Gott.* Als Schöpfer und Erlöser meines Lebens möchte er in unserem Leben zum Zug kommen.

4. Dynamisches Christsein meint, in einem gelösten Verhältnis zur eigenen Vergangenheit zu stehen: *Ich vergesse, was dahinten ist, und strecke mich aus nach dem, was da vorne ist* … Oder in einer anderen Übersetzung: „Ich lasse alles hinter mir und sehe nur noch, was vor mir liegt." Schrecklich einseitig – möchte man im ersten Moment entgegenhalten. Man müsste aber jedem ernsthaften Laufathleten und durchschnittlichem Sportler den gleichen Vorwurf machen. Wenn sich ein Läufer auch nur einigermassen mental präpariert hat, dann ist er genauso einseitig. Es wird problematisch, wenn sich ein Läufer während des Laufs plötzlich mental und emotional mit der Vergangenheit, der bereits zurückgelegten Strecke intensiv zu beschäftigen beginnt. Das wird ihn Kraft kosten. Das wird ihn ablenken. Das wird ihn lähmen. Das wird ihn zurückwerfen. Auch wir sind wie

Läufer im Leben unterwegs, darum stellen wir uns zurecht diese Frage: sind wir wirklich frei, uns auf das Zukünftige aus zurichten, auf das, was vor uns liegt, auf das Ziel, das Gott unserem Leben schenkt – oder hängen wir im Netz vergangener Geschichten fest? Konkreter: Habe ich mich versöhnt mit meiner Herkunft, meinem Elternhaus, der – meistens – mangelhaften Erziehung, mit meinem beruflichen Werdegang, mit meiner jetzigen Situation – so versöhnt, dass ich in meinem Lauf dadurch nicht gehindert werde? Nicht zufällig trägt Jesus den Titel „Versöhner". Das Evangelium vom Versöhner erhebt den Anspruch, uns in dieser Versöhnungsaufgabe entscheidende Impulse zu geben. Ein solcher Impuls kann beispielsweise der bekannte Satz aus dem „Unser Vater"-Gebet sein: „... wie auch wir vergeben unseren Schuldigern." Gemeint ist die bewusste Entscheidung, den Menschen zu vergeben, die an mir in Worten und Taten schuldig geworden sind. Versöhnung mit der vergangenen Geschichte meines Lebens! Dadurch können wir eine grosse Freiheit gewinnen, die Zukunft meines Lebens im Blick auf Gottes Zukunft zu gestalten. „Gottes Gnade gewährt uns, dass wir nach der Zukunft greifen, ohne dass sie durch das Vergangene beschattet wird." So hat dies der Neutestamentler Adolf Schlatter treffend auf den Punkt gebracht.

Christus selber begleite uns auf unserem „Lebens-Lauf". Er schenke uns Kraft, Versöhnung zu praktizieren und so in eine gelöste Beziehung zu unserer eigenen Vergangenheit zu treten. Er vertreibe den Nebel, dass wir das Ziel sehen und uns darauf hin bewegen, damit wir es erreichen.

AMEN!

Bürger von zwei Welten

Folgt mir, liebe Brüder, und seht auf die, die so leben, wie ihr uns zum Vorbild habt. Denn viele leben so, dass ich euch oft von ihnen gesagt habe, nun aber sage ich's auch unter Tränen: Sie sind die Feinde des Kreuzes Christi. Ihr Ende ist die Verdammnis, ihr Gott ist der Bauch und ihre Ehre ist in ihrer Schande; sie sind irdisch gesinnt. Unser Bürgerrecht aber ist im Himmel; woher wir auch erwarten den Heiland, den Herrn Jesus Christus, der unsern nichtigen Leib verwandeln wird, dass er gleich werde seinem verherrlichten Leibe nach der Kraft, mit der er sich alle Dinge untertan machen kann. (Phil 3,17-21)

Liebe Gemeinde,

dass wir Bürger sind in einem Staatswesen, daran werden wir bei verschiedenen Gelegenheiten erinnert. Wenn wir unseren Bürgerort auf der Identitätskarte lesen, wenn wir unseren Beitrag in Form von Steuern und Gebühren ans Gemeinwesen zu leisten haben, wenn wir mitentscheiden über die Zukunft von Gemeinde, Kanton und Bund in Abstimmungen, wenn wir zum Banntag eingeladen werden, um die Grenzen der Bürger- oder Wohngemeinde abzuschreiten. Wir leben hier in dieser Welt, in einem Staatswesen mit Pflichten und Rechten.

Paulus lebte in *zwei* Welten. Einerseits besass er das römische Bürgerrecht – ein Privileg, von dem er auch Gebrauch machte. Andererseits war er von seiner Herkunft her im jüdischen Glauben verankert und vertraut mit der strengen Richtung der Pharisäer. Hier aber führt er diesen Gedanken noch weiter: So wie wir als Menschen zu einem hoffentlich gut und gerecht geordneten Gemeinwesen gehören, so gehören wir als Christen noch zu einem viel weiteren, internationalen, umfassenden, ökumenischen Gemeinwesen. Es ist das „Bürgerrecht im Himmel", wie es Paulus hier nennt. Ein sehr kühner Gedanke. Christinnen und Christen sind in zwei Welten verwurzelt – in dieser und in der zukünftigen.

Hier drin liegt eine gewaltige Spannung. Wir müssen sie durchhalten und dürfen sie nicht auflösen, bevor Gott sie nicht selbst auflöst. Es gibt unter uns Christen immer zwei Versuchungen, diese Spannung schon jetzt aufzulösen und auf die eine oder andere Seite zu kippen:

1. „Weltflucht": Die erste Versuchung ist die, dass Christen angehalten werden, innerlich oder äusserlich aus ihrer Verantwortung in Beruf und Politik, in Bildung und Wirtschaft auszuziehen, den Rückzug aus der ach so bösen Welt anzutreten. Diese Versuchung tritt oft im frommen Gewand an, vergisst aber leicht, dass diese Welt trotz der Realität des Bösen nicht aufhört, die von Gott geliebte Schöpfung zu sein, die von uns Menschen

gehegt und gepflegt werden soll, wie es die Schöpfungsgeschichte uns aufträgt. Man müsste mir zeigen, dass Gott diesen Auftrag zurückgenommen hat – ich sehe es nicht. Gott beauftragt uns, als Bürger mit dem Rückhalt in seiner Welt, uns einzusetzen in dieser Welt, dort, wo wir unseren Platz haben. Für diesen Einsatz werden wir seine Kraft, seine Liebe und seine tragenden Hände bestens brauchen können. Darum: lebe von Christus her in Deinem Beruf, in Deiner Familie, in Deiner Gemeinde.

2. „Weltverklärung“: Die zweite Versuchung wartet im anderen Extrem. Nicht Weltflucht, sondern Weltverklärung. Menschen im Glauben verlieren sich selbst, ihre Identität als Christen, ihre Verwurzelung in der christlichen Tradition in der Begegnung mit der Welt, die uns umgibt. Die jetzige Welt, die eine nicht geringe Faszination ausübt, bekommt plötzlich einen Stellenwert und eine Wichtigkeit, die sie gar nicht haben kann. Geld, Sex und Macht – alles Dinge, die nicht an sich schlecht sind aus christlicher Perspektive, bekommen plötzlich eine Wichtigkeit und Eigendynamik, die zur Verwechselung vom Vorletztem und Letztem, von Wichtigem und Wichtigsten verleitet.

Jeder Christ, jede Christin ist vermutlich auf die eine oder auf die andere Seite gefährdet – oder sogar nach beiden Seiten hin. Während Paulus in anderen Schreiben die Christen sehr stark auf ihre Verwurzelung in den bestehenden Bezügen als Mann und Frau, Eltern und Kinder, Arbeitgeber und Arbeitnehmer anspricht – und so Weltflüchtige auf den Boden ihrer Beziehungen zurückholt - spricht er hier die zweite Versuchung an. „Weltverklärung“. Menschen und Christen, über die Paulus das harte Urteil spricht: *ihr Gott ist der Bauch.* Wie ist das zu verstehen? Der eigene Bauch als Gott? Da wird unsere Vorstellungskraft etwas strapaziert. Welch eine kleine, begrenzte, enggeführte Welt, wenn unser Bauch unser Gott ist. „Woran Du nun Dein Herz hängst und Dich darauf verlässt, das ist eigentlich Dein Gott.“ sagt Luther scharf und zutreffend in seiner Auslegung des ersten Gebots. Der eigene Bauch als Gott meint: ein Mensch, der auf sich selbst, seinen eigenen Nabel, seine eigenen Bedürfnisse fixiert ist. Der lebendige Gott gerät dabei ins Abseits, weil die höchste Priorität das eigene Wohlbefinden und die Erfüllung eigener Wünsche ist. Dass dies eine Sackgasse für Zeit und Ewigkeit ist, stellt Paulus uns mit drastischen Worten vor Augen. Dass dies sich mit dem leidenden und gekreuzigten Christus schlecht verträgt, liegt auf der Hand. Der Weg ins Leiden und ans Kreuz ist kein Weg des grenzenlosen Wohlbefindens.

Weshalb muss denn Paulus Christen überhaupt davor warnen? Ist das nicht jedem wohlmeinenden Christen einsichtig und klar? Nein, offenbar eben nicht. Auch eine christlich geartete Frömmigkeit ist nicht vor dieser Versuchung geschützt. Auch wir müssen uns dann und wann die ehrliche Frage stellen: Geht es in meinem Leben um Gottesdienst - oder geht es im tiefsten Grund um meinen Bauch und Gott muss herhalten zur Tarnung und Befriedigung meiner selbstsüchtigen Wünsche?

Orientierung an Gott, an seiner Welt, an seinen Massstäben – aber dann damit leben im irdischen hier und jetzt. Paulus ist gar nicht bescheiden. Kühn präsentiert er sich hier als Vorbild. Sein Leben versteht er als mutmachendes Beispiel für andere Christen. Du liebe Zeit – wie soll denn das gehen. Paulus war doch auch als Christ kein Engel, war doch auch ein Mensch mit Ecken und Kanten. Das lassen uns die neutestamentlichen Schriften doch deutlich spüren (Apostelgeschichte und Paulusbriefe). Es kann sich unmöglich um Unfehlbarkeit handeln. Paulus war nicht perfekt, sondern unterwegs und unvollkommen. Genau das betont er in den Sätzen vor unserem Abschnitt. Also muss er etwas anderes damit meinen. Ich vermute, es geht um seine Prioritäten, um seine Ausrichtung, um seine Bescheidenheit in der Lebensführung, um seinen Einsatz für Mitchristen.

Mein Leben als Vorbild? Wir müssen diesen Gedanken auf uns wirken lassen. Mein Leben als Vorbild für Mitchristen, als Ansporn, wie christliches Leben gemeint ist. Schnell denken wir da an unsere Fehler und Versagen, an unsere Unzulänglichkeiten und Streitigkeiten. All das war aber auch bei Paulus vorhanden. Jeder Christ, jede Christin *hat* Vorbildfunktion. Paulus ist kein Einzelfall. Wir können ein anziehendes *oder* ein abschreckendes Vorbild sein. Gut ist, wenn wir als Nachfolger Christi auch Freunde und Weggefährten haben, die uns unbestechlich sagen, wie es um uns bestellt ist, wo wir in die Irre gehen, wo wir die Hand zum Frieden bieten sollen. Und vielleicht hilft uns sogar schon der Gedanke „mein Leben als Vorbild“ offenherziger und freigiebiger mit dem umzugehen, was Gott uns an Zeit, Geld, Freundschaft, Wissen anvertraut hat.

Ich komme zum Schluss: In seinem Finale kommt Paulus vom Vorletzten zum Letzten. Jetzt leben wir in einem Körper, dessen Kraft und Dauerhaftigkeit begrenzt ist. Jeder von uns wird irgendwann schmerzhaft mit dieser Realität konfrontiert, die sich schwer verdrängen lässt. Die Kraft meines Körpers ist begrenzt. Wenn ich das nicht ernstnehme, dann gibt es früher oder später eine Bruchlandung. Die Dauerhaftigkeit meines Körpers ist begrenzt. Ich werde älter. Mein Körper ist einem langsamen oder schnelleren Zerfallsprozess begriffen. Mit der Auferstehung von Christus kommt nun hier eine ganz neue Kraft hinein. Schwäche und Zerfall, Altern und Krankheit sind nicht die letzte Realität, weil Christus stärker ist. Das ist die Auferstehungshoffnung, die zu unserem Bürgerrecht im Himmel gehört.

AMEN!

Christen streiten – Trost, Irritation und Wege der Versöhnung

Also, meine lieben Brüder, nach denen ich mich sehne, meine Freude und meine Krone, steht fest in dem Herrn, ihr Lieben. Euodia ermahne ich und Syntyche ermahne ich, dass sie eines *Sinnes seien in dem Herrn. Ja, ich bitte auch dich, mein treuer Gefährte, steh ihnen bei; sie haben mit mir für das Evangelium gekämpft, zusammen mit Klemens und meinen andern Mitarbeitern, deren Namen im Buch des Lebens stehen. (Philipper 4,1-3)*

Liebe Gemeinde,

was löst das bei uns aus, wenn wir von Christinnen und Christen hören, die sich streiten? Die sich nach dem Streit aus dem Weg gehen? Die sich wegen einem Vorfall oder Empfindlichkeiten nicht mehr vertragen?

Nun, in der ersten von Paulus gegründeten Gemeinde auf europäischem Boden gab es zwei Christinnen, die sich nicht vertragen haben: Euodia und Syntyche. Was da genau geschehen ist? Keine Ahnung! Es gibt tausend mögliche Gründe dafür: Missverständnisse, Empfindlichkeit oder Überempfindlichkeit, Mangel an Toleranz in Nebensächlichkeiten, zuwenig gegenseitigen Respekt, Eifersucht, unbewältigte Vorfälle, Konkurrenzdenken ... Alles Dinge, die uns wohl vertraut sind, die auch bei uns Streit und Distanzierung bewirken können.

Ich finde das tröstlich: in dieser urchristlichen Gemeinde, über die sich Paulus sonst sehr freut, die er lobt und aufbaut ... auch da gab es Streit, auch da gab es Unversöhnlichkeit, auch da gab es Distanzierung. Auch das Urchristentum bestand ja aus Menschen wie wir, die allerhand Menschliches und Allzumenschliches mit sich in die christliche Gemeinde hinein brachten. Keine perfekte Gemeinde also. Keine ideale Gemeinde also. Keine Gemeinde zum Anhimmeln – auch wenn wir sicher einiges von ihr lernen können.

Wie geht nun Paulus mit dieser Situation um? Was tut er? Was rät er? Zunächst: Er spricht die Tatsachen offen an. Er schreibt davon in einem Brief an die ganze Gemeinde. Die Karten werden auf den Tisch gelegt. Es gibt keine Geheimniskrämerei. Wahrscheinlich wussten es sowieso alle Christen in Philippi, dass hier zwischen diesen beiden Frauen etwas schief war. Es war mit Händen zu greifen. Sinnlos, da etwas zu vertuschen.

Übrigens: Es könnten ja auch zwei *Männer* gewesen sein. Eine Episode in der Apostelgeschichte, die uns etwas von der Ehrlichkeit zeigt, auch die Schwächen der ganz grossen Namen im Christentum nicht zu verdrängen, sondern offen auf den Tisch zu legen – diese Episode zeigt, dass Paulus selbst sich mit seinem Mentor Barnabas zerstritten hat. Es ging da um die Frage, ob Johannes Markus wieder auf eine Missionsreise mitkommen sollte. Er hatte seine beiden Partner bei einer früheren Reise im Stich gelassen und war abgesprungen. Barnabas sah offenbar Anzeichen für eine Reifung und wollte ihm wieder eine Chance geben. Paulus konnte diese Anzeichen offenbar nicht sehen oder hielt sie für unzureichend. Es gab heftigen Streit über diese Personal- und Sachfrage. Die beiden haben sich getrennt. Kurz darauf kam Paulus nach Philippi und gründete dort die christliche Gemeinde. Ob Paulus sich mit Barnabas ausgesöhnt hat? Es gibt feine Indizien dafür. Aber wir wissen es nicht sicher. Es ist natürlich zu hoffen, dass Paulus das vorgelebt hat, was er hier den Christen in Philippi weitergibt. Ich nehme es eigentlich an. Im anderen Fall: von jemandem, den man für unglaubwürdig hält, nimmt man ja auch heute kaum eine Ermahnung an. Vielen von uns geht es so.

Zurück zu Euodia und Syntyche. Ich muss schmunzeln, wenn ich an diese beiden Frauen denke. Beide haben griechische Namen. Und für beide Namen gibt es spannende Deutungen, die aufhorchen lassen: *Euodia* könnte von „guter Weg“ abgeleitet sein. Es klingt aber auch ähnlich wie ein griechisches Wort, das soviel bedeutet wie feiner Duft oder Wohlgeruch ... Erinnert mich an ein Zahnwasser namens Odol … Tja! Und *Syntyche* könnte man mit einem Verb verbinden, das „zusammenkommen“ bedeutet ... Tja! Man kann sich vorstellen, dass griechische Ohren das noch mitgehört haben, was uns heute abgeht. Die beiden sollen – so könnte die unterlegte Botschaft sein – doch einfach das ausleben, was in ihrem Namen steckt. Unverträglichkeit passt weder zu Wohlgeruch noch zum Zusammenkommen.

Christen streiten. In der Überschrift zu meiner Predigt habe ich dazugesetzt: „Trost, Irritation und Wege der Versöhnung“.

1. Trost: ich finde es tröstlich, zu wissen, dass auch in der Urchristenheit gestritten wurde und sich Einzelne nicht vertragen haben. Voilà! Paulus steht dazu und wir können es auch noch heute nachlesen. Ich finde das tröstlich, weil es ja auch noch heute unter Christen geschieht, weil es auch uns selbst passieren kann, weil auch ich gemeint bin. Paulus hat die Ehrlichkeit, die Sache offen darzustellen – so offen, dass wir heute noch davon lesen können, dass damals in der christlichen Gemeinde in Philippi zwei Frauen sich nicht ertragen haben ... Kein frommes Verdrängungsspiel, das so lautet: es darf keinen Streit, keine Unversöhnlichkeit unter uns geben - und deshalb gibt es das auch nicht... Das kommt mir vor wie die drei Affen, die Augen, Ohren und Mund mit ihren Händen abdecken. Die Strategie des Paulus halte ich für weiser. Der erste Schritt ist: einfach zugeben. So schmerzlich es ist: zugeben, dass wir auch als Christen immer wieder Grund

zum Streiten finden und manchmal nicht den geraden Weg zur Versöhnung einschlagen. Auch in unserer Kirchgemeinde wollen wir ja hoffentlich nicht besser als Paulus und seine Leute sein. Auch wir sind nicht immer ein Herz und eine Seele und haben durchaus Streit. Geben wir es doch einfach zu! Paulus hält den beiden einen Spiegel vor: so steht es. Punkt. Oder besser: Doppelpunkt!

2. Irritation: das ist die andere Seite von Streit – und noch mehr von Unversöhnlichkeit. Unversöhnlichkeit unter Christen irritiert – und das zu Recht! Das hat damit zu tun, dass uns ja eine Botschaft aufgetragen ist: die Botschaft vom Versöhner der Menschheit. In Jesus ist der gekommen, der Mensch und Gott zusammenbringt, der Neuanfänge auch mitten im Leben und mitten in den Zerbrüchen des Lebens möglich macht, der uns durch sein Kreuz die Tür zur Versöhnung aufstösst. Diese Botschaft mit sich tragen, diese Botschaft mit unserem Leben weitertragen – und dann dazu unversöhnlich gegenüber Mitchristen zu leben? Das ist eine unverträgliche Kombination – ein schlechter Witz. Auch dann, wenn wir uns schon daran gewöhnt haben. Ich traue es Gott und seinem Geist zu, dass er uns jetzt die Namen von Menschen wachruft, mit denen wir unversöhnt leben. Unsere Mitmenschen sind sensibel, wo wir unversöhnt leben. Es bietet ihnen eine willkommene Ausflucht, sich nicht mit Jesus, dem Versöhner, zu beschäftigen. Es bleibt uns nur eines – auch dann, wenn unsere Erziehung uns Nachtragen, Nachreden und Verbitterung gelehrt hat: wir müssen lernen, uns mit unseren Mitmenschen und unseren Mitchristen zu versöhnen. Darum:

3. Wege der Versöhnung: wir hören nochmals auf die Worte des Paulus: *Euodia ermahne ich und Syntyche ermahne ich, dass sie* eines *Sinnes seien in dem Herrn. Ja, ich bitte auch dich, mein treuer Gefährte, steh ihnen bei ...* Zwei Hilfen zur Versöhnung werden hier angeboten:

- Sich treffen im Versöhner – unter dem Kreuz: Ja, die beiden werden sich nun nicht einfach nach der Ermahnung des Paulus plötzlich wieder schampar nett und liebenswürdig finden. Darum geht es auch gar nicht. Wir müssen nie alle Christen nett und liebenswürdig finden – das wäre ein ziemlicher Murks. Die Basis christlicher Gemeinschaft kann das jedenfalls nicht sein. Zu echter Gemeinschaft, so wie Gott sie sich vorstellt, gehört auch, dass wir Sonnen- und Schattenseiten voneinander kennenlernen. Gott ist ein Gott der Echtheit und Wahrhaftigkeit. Er ist nicht interessiert an christlichen Illusionen. Ihn interessieren die Dinge, wie sie wirklich sind. Die beiden haben Unversöhnlichkeit, aber jetzt sollen sie sich *im Glauben* vertragen. Nicht ihre Charaktereigenschaften, nicht die alten Vorfälle, nicht ihre Qualitäten sind die Basis für einen Neuanfang und Versöhnung. Sie sollen sich beim Versöhner treffen und versöhnen –

sozusagen unter dem Kreuz Christi. Sie sollen sich gegenseitig als Menschen sehen, die Vergebung brauchen und von der Vergebung leben. Für uns ist das nicht anders. Auch ich lebe davon. Davon, dass ich nicht perfekt sein muss, sondern aus der Vergebung leben darf. „Not perfect, just forgiven." Ich vergebe Dir, ich entlasse Dich aus dem Gefängnis meiner Vorwürfe, ich gebe Dich frei von überrissenen Erwartungen, ich schenke Dir die Freiheit, die Christus Dir gibt. Das schafft die Voraussetzung für eine neue Begegnung – auch wenn sie nicht zwingend gelingt.

- ein Christ als Vermittler zwischen den beiden Frauen: Manche Ausleger halten Syzygus für den Namen dieses Christen. Er erhält die Aufgabe – wahrscheinlich keine einfache Aufgabe, sondern eine seelsorgerliche Herausforderung – die Aufgabe, den beiden Frauen auf dem Weg der Versöhnung zu helfen. Dort, wo wir merken, dass wir in vernünftiger Zeit nicht weiterkommen auf dem Weg der Versöhnung, ist es angezeigt, dass wir unparteiische Hilfe in Anspruch nehmen. Seelsorge, Supervision, Mediation – oder wie wir es auch sonst nennen. Diesen Dienst braucht es auch unter uns Christinnen und Christen. Wer nimmt ihn wahr? Wo sind die Friedensstifter unter uns? Ich kann bezeugen, dass wir hier einige Male erlebt haben in unserer Kirchgemeinde, dass eine unparteiische Vermittlung hilft und Neuanfänge ermöglicht. Es kratzt natürlich am eigenen Stolz, solche Hilfe anzunehmen. Paulus geht aber selbstverständlich davon aus, dass die beiden Frauen für die Hilfe dankbar sein werden.

Drei Verse und soviel Stoff zum Nachdenken. Es ist noch viel mehr drin, als ich entfaltet habe. Die Sehnsucht des Paulus nach Gemeinschaft mit den Christen in Philippi. Die Christen als Siegeskranz von Paulus – man denke an die Siegerehrungen in der Formel I. Die Aufforderung, durch die Kraft Gottes, die geschenkt wird, als Christen zu bestehen. Die Verdienste der beiden Frauen im Einsatz fürs Evangelium von Jesus – auch das wird erwähnt. Die Feststellung, dass die Namen der Christen im „Buch des Lebens" notiert sind.

Damit möchte ich schliessen: mit dem „Buch des Lebens". Es gibt viele Bücher: literarische, historische, wissenschaftliche, lexikalische... Es gibt langweilige und spannende, verzweifelte und tröstliche, mutmachende und ablöschende Bücher. „Buch des Lebens". Eine Art Register Gottes? Eine Liste von Namen?

Ich verstehe das so: Gott ist ein Gott des Lebens. Er hat das Leben geschaffen. Er hat uns das Leben geschenkt. Er möchte unser Leben mit diesem sprudelnden Leben zusammenbringen. Er möchte, dass wir die Quelle des Lebens bei ihm entdecken. Er möchte uns durch Christus dorthin mitnehmen, dass wir von ganzem Herzen sagen:

Gott, Du bist der Gott des Lebens.
Du bist der Gott meines Lebens.
Du kennst meinen Namen.
Mit Liebe hast Du meinen Namen notiert.
Du denkst an mich.
Bei Dir bin ich geborgen.
In Zeit und Ewigkeit.
Im Leben und im Sterben.

AMEN!

Ogis Motto & Murphys Lieblingsvers

Freuet euch in dem Herrn allewege, und abermals sage ich: Freuet euch! Eure Güte lasst kund sein allen Menschen! Der Herr ist nahe! Sorgt euch um nichts, sondern in allen Dingen lasst eure Bitten in Gebet und Flehen mit Danksagung vor Gott kundwerden! Und der Friede Gottes, der höher ist als alle Vernunft, bewahre eure Herzen und Sinne in Christus Jesus. Weiter, liebe Brüder: Was wahrhaftig ist, was ehrbar, was gerecht, was rein, was liebenswert, was einen guten Ruf hat, sei es eine Tugend, sei es ein Lob – darauf seid bedacht! Was ihr gelernt und empfangen und gehört und gesehen habt an mir, das tut; so wird der Gott des Friedens mit euch sein. (Philipper 4,4-9)

Ogis Motto und Murphys Lieblingsvers – oder: womit fütterst Du Deine Gedanken? Die Gedanken sind frei – sagt man. Aber manchmal sind sie ganz schön eingespurt und festgefahren. Womit sich unsere Gedanken beschäftigen, worum sie kreisen, wo sie im Roten drehen, das entscheiden wir oft selbst. Darum die berechtigte Frage: womit fütterst Du Deine Gedanken? Ist das Menu, das Du Deiner Gedankenwelt servierst nahrhaft und gesund, oder cholesterinhaltig, überzuckert und versalzen. Zurück zu Adolf Ogi, dem bekannten Schweizer Alt-Bundesrat: ich behaupte zweierlei. Erstens: Ogi hat den Inhalt seines Mottos geklaut. Zweitens: er hat einen wichtigen Teil weggelassen. „Freude herrscht!" ist zu einem der meistzitierten Aussprüche in den Schweizer Medien geworden. Ich behaupte, dass dieser Ausspruch gar nicht auf Ogis Mist gewachsen ist. Wenn nicht alles täuscht, hat er es geklaut aus der Schatulle von Paulus. In den Worten von Ogi: „Freude herrscht". In den Worten von Paulus: *Freuet euch in dem Herrn allewege, und abermals sage ich: Freuet euch!* Paulus liefert mehr. Bei Adolf Ogi habe ich von Anfang an in seinem Ausspruch etwas vermisst. Freude lässt sich ja nicht im Leeren produzieren. Freude braucht einen Anlass, einen Grund, einen Ursprung. Weshalb denn: „Freude herrscht!"? Was ist der Grund für diese Freude, die da herrschen soll? Paulus geht da einen Schritt weiter: er bezeichnet Gott, bezeichnet Christus als Urheber dieser Freude. Das ist für ihn mehr als eine nette Theorie für ein Psycho-Selbsthilfebuch. Was er hier schreibt, schreibt er in einer schwierigen Situation, aus der Gefangenschaft! Man muss das einen Moment auf sich wirken lassen. Diese Sätze über die Freude schreibt er aus der Gefangenschaft! Sein Schreiben aus dem Gefängnis redet alle paar Sätze von dieser Freude, die bestimmen soll. Es gibt nur eine Erklärung dafür. Paulus hat in der Gefangenschaft tatsächlich seltsamerweise Freude erlebt, die sich nicht aus seinen Umständen verstehen lässt, sondern von einer tieferen Quelle her: vom lebendigen Gott.

Ich habe heute einen Schuh meiner Rollerskates mitgebracht. Damit es wirklich rollt, sind unten vier Räder montiert. Ich vergleiche das, was der Apostel Paulus hier schreibt mit diesen vier Rädern. Als Christin, als Christ brauche ich diese vier Räder, damit es wirklich gut rollt. Es sind:

1. Freude
2. Vertrauen
3. Dankbarkeit
4. Positives Gedankenfutter

Wenden wir uns direkt dem zweiten Rad zu: *Sorgt euch um nichts, sondern in allen Dingen lasst eure Bitten in Gebet und Flehen mit Danksagung vor Gott kundwerden!* Keine Sorgen? Ich kenne kaum jemanden, der sich keine Sorgen macht! Berechtigte oder unberechtigte Sorgen. Wer unter uns lebt schon ohne Sorgen? Jedes hat doch sein Bündel an Sorgen dabei: Kinder, die nicht tun, wie wir es wünschen; Eltern, die gebrechlich werden; Sorgen, ob ich dem Druck am Arbeitsplatz standhalten kann; Stress beim Blick ins Portemonnaie vor dem 25. des Monats – um nur eine kleine Auswahl zu nennen. Die Bibel und ihre Schreiberlinge sind realistisch genug, um die Sorgen des Lebens zu kennen. Deshalb erfinden sie auch kein Sorgenverbot, sondern sie schlagen einen Tausch vor, einen Paradigmenwechsel. Was Paulus vorschlägt ist folgendes: Wenn die Sorgen über Dich kommen, Dich überwältigen und Dein Denken einengen wollen, Dir den Blick für das Wesentliche verstellen – und das alles geschieht ja tatsächlich ... - , dann wende Dich an Gott. Das hätte natürlich wenig Sinn, wenn es ihn nicht gäbe. Paulus ist aber sicher: der lebendige Gott ist da, er kennt uns, er trägt mit uns unsere Sorgen, wir können ihm unsere Sorgen anvertrauen. Dies ist die Einladung, die der Jesusjünger Petrus in einem kurzen Satz so zusammengefasst hat: Alle eure Sorge werft auf Gott, denn er sorgt für euch. Das ist mehr, als im Ohrwurm: „Don't worry, be happy" drinsteckt. Erst die Erfahrung und das Wissen, dass da einer ist, der Schöpfer des Universums, der Erfinder des Lebens, der sich um mich kümmert, meine Sorgen und meine Leiden teilt – und dann ihm vertrauen: Du, Gott, sorgst für mich! Und manchmal auch der Hilfeschrei: Hilf mir, meine Sorgen loszulassen und in Deine Hände zu legen, bevor sie mich erdrücken und mein Leben verklemmen. Das ist das zweite Rad: Vertrauen fassen zum lebendigen Gott.

Das dritte Rad heisst Dankbarkeit. Nicht nur ein warmes Dankbarkeits*gefühl*, sondern Taten und Worte. Gott hat Dir und mir ziemlich viel anvertraut und geschenkt – viel mehr als Zeit und Besitz. Wie wäre es, wenn wir ihm dafür danken? In Form eines Gebets vielleicht. Oder in Form eines Tagebucheintrags. In Form einer kleine Rede anlässlich eines Familienfestes. Wir danken ja allen möglichen Leuten, wenn wir etwas Anstand mitbekommen haben auf unsere Lebensreise. Aber: GOTT danken? Danken wofür? Hier eine handvoll Vorschläge – sehr unvollständig allerdings:

- Du könntest Gott danken für Dein Leben – er hat es Dir anvertraut.
- Gott danken für das Leben von Kindern und Grosskindern.
- Gott danken für die Schöpfung mit ihrer gewaltigen Grösse und Schönheit, die von uns Menschen nicht sorgfältig genug behandelt wird.
- Gott danken für die Menschen, die dich in Liebe und Freundschaft begleiten.
- Gott danken für Situationen, in denen es hätte schiefgehen können – und es dann glimpflich abging.
- Gott danken für Essen und Trinken, Kleider und Wohnraum, was weltweit gesehen gar nicht so selbstverständlich ist, wie uns in der westlichen Welt dies manchmal scheint. Wir tragen deshalb auch eine grosse Verantwortung für die, denen es daran mangelt.

Ich komme zum vierten und letzten Rad. Da hat Joseph Murphy mit seinem positiven Denken bei Paulus kräftige Anleihen gemacht und es freundlicherweise auch zugegeben: *Was wahrhaftig ist, was ehrbar, was gerecht, was rein, was liebenswert, was einen guten Ruf hat, sei es eine Tugend, sei es ein Lob – darauf seid bedacht!* Positives Gedankenfutter – so nenne ich dieses Rad. Unser Denken, unsere Gedanken verlangen Futter. Und wir füttern sie auch kräftig: was wir reden und hören, was wir lesen und anschauen – all das und mehr ist Gedankenfutter. Paulus macht uns hier auf einen einfachen Zusammenhang aufmerksam. Unser Gedankenfutter prägt unsere Gedanken. Wenn wir unsere Gedanken mit Schlechtem, Niederträchtigem, Zweideutigem, Ruchlosem, Verkehrtem füttern, dürfen wir uns nicht über das entsprechende Ergebnis wundern. Wir werden ernten, was wir säen – auch in unserer Gedankenwelt. So wie schlechte Nahrung den Magen verdirbt und den Körper schwächt, so bringt uns fragwürdiges Gedankenfutter auf eine schiefe Ebene. Es ist von daher eine Frage der Verantwortung, was wir lesen, welche Videos wir reinziehen, welchen Klatsch wir verbreiten usw. Das tönt nun schwer moralinhaltig, ist es aber gar nicht. Es ist eine Frage der Konsequenz: wir werden ernten, was wir säen. Darum die Frage, die einiges Nachdenken in Ruhe erfordert: Womit füttere ich, womit fütterst Du die Gedanken? Möglicherweise sehen wir bei diesem Nachdenken einige Konsequenzen, die sich aufdrängen ...

Ich komme zum Schluss. Der Schuh rollt mit vier Rädern: Freude, Vertrauen, Dankbarkeit, positives Gedankenfutter. Diese Lebenseinstellung wird von Paulus direkt mit Gott in Verbindung gebracht. Es gibt Freude, die Gott im Leben stiftet, die nicht zwingend von äusseren Umständen abhängig ist, sondern im Schöpfer unseres Lebens ihren Ursprung hat. Es gibt Vertrauen zu Gott, das mir hilft, meine realen Sorgen in Schach zu halten. Es gibt Dankbarkeit, die weiss, dass wir nicht alles unserer eigenen Stärke und Leistung verdanken, sondern dass Elementares und Wichtiges Geschenk von Gott ist, das bei nüchternem Nachdenken mit Dankbarkeit beantwortet werden sollte. Es gibt positive Werte, die unser Leben aufbauen und wohltuend prägen, wenn wir unsere Gedanken damit füttern.

Und wir, die wir hier sind? Ja, wir haben lebendigen Anteil daran, ob unser Leben so oder anders geprägt wird. Öffnen wir uns dieser Freude, diesem Vertrauen, dieser Dankbarkeit, diesen positiven Gedanken? Geben wir dem Raum in unserem Leben, in unserem Denken, Tun und Reden? Unser Leben wird die Antwort darauf geben.

AMEN!

Unkonventionelles Spenden

Ich bin aber hocherfreut in dem Herrn, dass ihr wieder eifrig geworden seid, für mich zu sorgen; ihr wart zwar immer darauf bedacht, aber die Zeit hat's nicht zugelassen. Ich sage das nicht, weil ich Mangel leide; denn ich habe gelernt, mir genügen zu lassen, wie's mir auch geht. Ich kann niedrig sein und kann hoch sein; mir ist alles und jedes vertraut: beides, satt sein und hungern, beides, Überfluss haben und Mangel leiden; ich vermag alles durch den, der mich mächtig macht. Doch ihr habt wohl daran getan, dass ihr euch meiner Bedrängnis angenommen habt. Denn ihr Philipper wisst, dass am Anfang meiner Predigt des Evangeliums, als ich auszog aus Mazedonien, keine Gemeinde mit mir Gemeinschaft gehabt hat im Geben und Nehmen als ihr allein. Denn auch nach Thessalonich habt ihr etwas gesandt für meinen Bedarf, einmal und danach noch einmal. Nicht, dass ich das Geschenk suche, sondern ich suche die Frucht, damit sie euch reichlich angerechnet wird. Ich habe aber alles erhalten und habe Überfluss. Ich habe in Fülle, nachdem ich durch Epaphroditus empfangen habe, was von euch gekommen ist: ein lieblicher Geruch, ein angenehmes Opfer, Gott gefällig. Mein Gott aber wird all eurem Mangel abhelfen nach seinem Reichtum in Herrlichkeit in Christus Jesus. Gott aber, unserm Vater, sei Ehre von Ewigkeit zu Ewigkeit! Amen. (Philipper 4,10-20)

Liebe Gemeinde,

„Geld gleicht dem Dünger, der wertlos ist, wenn man ihn nicht ausbreitet." Mit diesem Ausspruch des englischen Philosophen und Politikers Francis Bacon könnte man einen Teil dessen zusammenfassen, was das Neue Testament über Geld und Besitz sagt. Seltsamerweise gehören aber genau diese Abschnitte des Neuen Testaments über Geld und Besitz zu denen, über die man wenig hört und liest. Und das gerade in einem Land, das weltweit zu den reichsten gehört, und in einer Gesellschaft, in der Geld und Besitz einen hohen Stellenwert haben. Ist uns das peinlich? Weicht unsere Praxis zu sehr davon ab? Sind wir nicht bereit, diese Lehren an uns heranzulassen? Auf jeden Fall: Jesus und Paulus und Jakobus hatten keine Hemmungen, sich über Geld und Besitz zu äussern. Hier in unserem konkreten Beispiel geht es um Spendenmittel.

Die Ausgangssituation ist oft ähnlich. Jemand möchte Geld zusammenbringen für eine gute Sache, von der er oder sie überzeugt ist: für die Gründung eines Projekts oder eines Unternehmens, für eine soziale Institution, für die Verbreitung des Evangeliums in Wort und Tat. Für mich ist das nicht etwa graue Theorie. Ich bin Präsident eines Vereins, der den Betrieb eines Evangelisches Studentenhauses für Theologiestudierende mit Spendengeldern finanziert. Mir ist die Frage vertraut, die sich jedem Verantwortlichen in einem Verein oder

Unternehmen stellt: Wie sollen wir die Sache anpacken? Wo finden wir die nötigen Ressourcen? Wie offensiv oder defensiv werben wir für unser Vorhaben?

Wenn ich nun diese Aussagen von Paulus vor mir habe, dann bin ich sehr erstaunt. Ich halte sein Vorgehen, seine Praxis, seine Grundsätze im Umgang mit Spendenmitteln für unkonventionell und herausfordernd. In fünf Punkten möchte ich das bündeln und darlegen:

1. Die Beziehung steht an erster Stelle

Die christliche Gemeinde in Philippi wurde durch Paulus gegründet. Von daher hat sie eine ganz besondere und enge Beziehung zu Paulus. Er hat diesen Menschen unter Verzicht und Entbehrungen das Evangelium gebracht. Das wissen die Christinnen und Christen dort. Obwohl Paulus gerade weit weg ist, unterhalten sie eine herzliche Verbindung zu ihm. Dann und wann haben sie ihm schon eine Spende zukommen lassen. Auch jetzt ist es wieder soweit. Sie haben ihm in die Gefangenschaft eine Spende geschickt. Mehr noch: sie haben einen vertrauenswürdigen und bewährten Mitarbeiter ausgewählt und zu Paulus geschickt mit dieser Geldspende. Nicht einfach eine Überweisung, sondern ein Mitchrist kommt bei Paulus an. Epaphroditus sollte Paulus Neuigkeiten überbringen, ihn auf dem Laufenden halten, ihm die neuesten Schwänke aus der christlichen Gemeinde in Philippi erzählen, ihn auch ermuntern und erheitern, ihn praktisch unterstützen und ihm helfen. Was für eine Ermutigung für Paulus! Diese Gemeinde, die er einmal gegründet hat, hat ihn nicht vergessen. Die Christen in Philippi denken an ihn, sie kümmern sich um ihn, sie helfen ihm, sie beten für ihn, sie schätzen ihn. Das bedeutet konkret: diese Spende, von der wir nicht wissen, wie hoch sie war, war viel mehr als eine Spende. Sie war Ausdruck einer sehr persönlichen und herzlichen Beziehung zwischen Paulus und den Christen in Philippi. Ein gegenseitiges Geben und Nehmen. Ein lebendiges Teilen und Mitteilen. Beide Seiten haben gegeben und empfangen. Vielleicht ist das ein erster Gedanke in einer Zeit, in der die Spendenprospekte immer professioneller aufgemacht daher kommen. Spenden in Verbindung mit persönlichen Beziehungen. Weshalb nicht Mitchristen und ihre Projekte unterstützen, die wir direkt und persönlich kennen? Ja, weshalb fragen wir nicht die Christen, die uns persönlich im Leben und Glauben geholfen haben, wie wir unser Geld einsetzen sollen? Wie wäre es, wenn wir Werke unterstützen, zu denen wir Gesichter und Namen kennen? Geben mit einer persönlichen Note also. Die Beziehung steht für Paulus klar an erster Stelle. Es geht um viel mehr als um Geld. Es geht um Anteilnahme, um Gemeinschaft, um Beziehung.

2. Paulus als flexibler Christ

Nicht alle Christen sind flexible Leute, aber Paulus war es ohne Zweifel. Flexibel war er schon von seinem Zivilstand her. Paulus war ledig – oder nach anderen Einschätzungen verwitwet. Er musste also in erster Linie einfach für seinen eigenen Lebensunterhalt besorgt sein. Offenbar hatte er keine weitergehenden Verpflichtungen, auch noch für eine Familie zu sorgen. Dies ist von den Lebensumständen her schon eine gute Vorgabe für Flexibilität. Als Handwerk beherrschte er das Zeltmachen. Dies setzte er auch zeitweise ein, um seinen Lebensunterhalt selbstversorgend zu finanzieren. Paulus wollte nicht den Christen vor Ort zur Last fallen oder auf Ihre Kosten leben. Damit nahm er einem möglichen Vorwurf zu vorneherein den Wind aus den Segel: der macht sich auf Kosten der anderen ein lockeres Leben. Ein weiterer Vorteil war, dass er durch seinen Beruf auch in Kontakt mit Handwerkern und Kaufleuten kam. Dazu konnte er seine Freiheiten und seine Freizeit nutzen, um für das Evangelium zu wirken. Man darf nicht unterschätzen, dass bis heute ein grosser Teil der christlichen Mission genau nach diesem Modell geschieht.

Mich beeindruckt, was Paulus an Flexibilität durchblicken lässt. Wir sollten das nicht zu schnell von uns schieben, sondern uns davon herausfordern und fragen lassen: Wie steht es mit meiner Beweglichkeit und Anpassungsfähigkeit? Kann ich mit Wohlstand *und* mit Mangel leben? *Überfluss haben und Mangel leiden* – beides kennt Paulus. Die meisten von *uns* müssten dagegen ehrlich sagen: Ich kann zwar im Wohlstand leben, aber wenn Mangel kommt, dann flippe ich aus. Mal ehrlich: Wären wir auch in der Lage, mit viel weniger durchzukommen? Hätten wir eine Strategie, um den Gürtel enger zu schnallen? Könnten wir bei Mangel die Prioritäten richtig setzen? Oder würden jammern und klagen – ausrufen wie ein Wald voll Affen?

Paulus hat es gelernt, mit viel oder mit wenig auszukommen. Weder Mangel noch Überfluss werden verherrlicht oder verteufelt. Weder das eine noch das andere ist an sich gut. Beides fordert heraus, in der Verantwortung vor Gott zu leben. Wichtig ist es für Paulus, dass er mit dem zurechtkommt, was er hat – dass er beide Extreme mit Gottes Hilfe meistern kann. Darüber hat er nicht nur geschrieben – das hat er vorgelebt. Paulus war ein flexibler Christ.

3. Die Kraftquelle für gesundes Selbstvertrauen

Ich vermag alles durch den, der mich mächtig macht... Da benennt nun Paulus die Kraftquelle, aus der er seine Stärke und Flexibilität gewinnt. Wenn wir dieser Spur nachgehen, dann heisst das für uns: Gott ist real und gegenwärtig in meinem Alltag. Christus hat für mich befreiend gewirkt. *Dadurch* gewinne ich Stärke. Auf diesem festen Boden stehe ich mit meinem Leben. Auf dieser Grundlage kann ich Unsicherheiten und Stürme bestehen. Durch Christus kann ich mich den Herausforderungen des Lebens stellen.

Ich vermag alles durch den, der mich mächtig macht. Das ist ein Kernsatz, den sich viele in ihrer Bibel dick angestrichen haben. Zu Recht – meine ich. Aus diesem Satz klingt beides: entspanntes Vertrauen zu Gott und gesundes Vertrauen zu sich selbst. Das Geheimnis des

Paulus ist die Kombination und Verbindung von beidem: Gottvertrauen und Selbstvertrauen. Mit diesen beiden Komponenten gewinnt Paulus eine grosse Freiheit und eine gesunde Unabhängigkeit von äusseren Umständen. Da müssen wir einen Moment innehalten: unabhängig von den äusseren Umständen?!? Das bedeutet doch: Gottes Liebe, Gottes Zusage, Gottes Kraft ist stärker als meine momentanen Lebensumstände! Stärker als meine Gebrechen, die mir zu schaffen machen. Stärker als meine finanziellen Probleme, die meine Familie bedrängen. Stärker als Schwierigkeiten, die Ehe und Verwandtschaft belasten. Paulus hatte dazu noch einen Rucksack voll von Schwierigkeiten dabei: Anfeindungen, Verfolgung, Schiffbruch, Gefängnis, Prügel, lahme Christen, falsche Apostel etc etc. Und dann zu sagen: „Ich habe gelernt, nicht von äusseren Umständen abhängig zu sein." Sonst wäre er wahrscheinlich nicht weit gekommen, hätte bald aufgegeben und die Waffen gestreckt. Um auf die Dauer als Christ zu leben und zu bestehen, ist dies eine zentrale Lektion: in der Abhängigkeit von Gott liegt eine grosse Stärke und Kraft. Dadurch durchbrechen wir die zwangshafte Abhängigkeit von unseren äusseren Umständen, gewinnen eine innere Freiheit, die sich nicht verstecken lässt. Das geht sicher nicht von heute auf morgen. Paulus hat schon einen langen Weg im Glauben zurückgelegt. Es ist wie bei den Früchten in der Natur: die brauchen auch viel Zeit, bis sie reif sind und man sie geniessen kann. Diese gesunde Unabhängigkeit von äusseren Umständen braucht auch Zeit, um in unserem Leben als Christ heranzureifen.

4. Unkonventionelles Spendenmanagement

Wir wollten aber heute über Finanzen sprechen: „Geld gleicht dem Dünger, der wertlos ist, wenn man ihn nicht ausbreitet." sagte Bacon. Die Philipper haben offenbar etwas davon begriffen, dass das Loslassen, das Weggeben und das Teilen eine sehr gesegnete Sache ist. Paulus erhält von ihnen eine Spende, sicher ein anständiger Betrag. Dieser Betrag wird von ihm sauber quittiert: *Ich habe aber alles erhalten und habe Überfluss. Ich habe in Fülle, nachdem ich durch Epaphroditus empfangen habe, was von euch gekommen ist...* Auch die Buchhalter und Revisoren der Kirchgemeinde in Philippi lehnen nun zurück und sind zufrieden. Alles bestens. Die Spende ist angekommen.

Nun macht aber Paulus etwas, was jedes mir bekannte soziale oder christliche Werk sorgfältig vermeidet. Er dreht sich selbst den Spendenhahn zu! *Ich habe Überfluss. Ich habe in Fülle ...* Lieber Paulus, weshalb denn so eilig? Vielleicht wärst Du in ein paar Wochen, Monaten oder Jahren froh, wenn Du wieder eine Spende oder einen Check aus Philippi bekommst!

Das mindeste, was man dazu sagen kann, ist dies: Paulus ist gegenüber seinen Gebern transparent. Er gibt nicht Mangel vor, wenn keiner vorhanden. Er vermeidet Gejammer und Gewinsel, um Gelder und Gaben anzuziehen. Mir gefällt dieses unkonventionelle christliche

Spendenmanagement von Paulus. Sicher, wir können das nicht eins zu eins imitieren. Aber ich meine doch, dass wir genug Stoff zum Nachdenken haben.

5. Segen

Paulus rundet seine Ausführungen mit einem Segen ab. Gott wird die Christen in Philippi segnen. Sie hatte nicht nur Wohlstand, sondern auch Mangel. Trotzdem haben sie mit Paulus geteilt. Gott wird sie segnen. Paulus ist da gewiss:

Mein Gott aber wird all eurem Mangel abhelfen nach seinem Reichtum in Herrlichkeit in Christus Jesus. Gott aber, unserm Vater, sei Ehre von Ewigkeit zu Ewigkeit! Amen.

Herzliche Grüsse zum Abschied

Mein Gott aber wird all eurem Mangel abhelfen nach seinem Reichtum in Herrlichkeit in Christus Jesus. Gott aber, unserm Vater, sei Ehre von Ewigkeit zu Ewigkeit! Amen. Grüßt alle Heiligen in Christus Jesus. Es grüßen euch die Brüder, die bei mir sind. Es grüßen euch alle Heiligen, besonders aber die aus dem Haus des Kaisers. Die Gnade des Herrn Jesus Christus sei mit eurem Geist! (Philipper 4,19-23)

Liebe Gemeinde,

„Herzliche Grüsse" – so heisst es auf Postkarten, die in unseren Briefkasten flattern. Postkarten, die uns staunen lassen, wo man überall auf dieser Welt Ferien machen kann. Und manchmal denken wir: Oh, die habens aber schön. Postkarten, die uns zeigen, dass Verwandte, Freunde und Bekannte sogar im Urlaub noch an uns denken. Ist das nicht ein Aufsteller?

Paulus beendet seinen Brief auch mit herzlichen Grüssen. Aber kaum jemand wird ihn beneiden um seinen Aufenthaltsort. Er ist ja gefangen. Er kann sich nicht frei bewegen. Immerhin konnte er Besuch empfangen und Briefe verschicken – eine für damalige Verhältnisse vergleichsweise milde Haft, die gut zu dem passen würde, was wir am Ende der Apostelgeschichte über die Gefangenschaft von Paulus in Rom erfahren.

Ja, und dann ist in dieser Grussliste etwas Verblüffendes verpackt. *Es grüßen euch alle Heiligen, besonders aber die aus dem Haus des Kaisers.* Die Philipper erhalten also Grüsse aus dem Haus des Kaisers. Das ist doch allerhand.

Das Haus des Kaisers – was ist damit gemeint? Seine Familie? Sein Palast? Seine Angestellten? Seine Beamten? Darüber haben sich die Ausleger dieses Briefes die Köpfe zerbrochen. Es gibt – verkürzt gesagt – zwei Deutungen. Diejenigen, die annehmen, dass Paulus den Brief in Ephesus (im Westen der heutigen Türkei) geschrieben hat, deuten das so, dass damit lokale Beamte im Dienst des Kaisers gemeint sind. Diejenigen aber, die davon ausgehen, dass der Brief in Rom abgefasst wurde – und ich zähle mich zu denen, die das vertreten - , können das „Haus des Kaisers" ganz wörtlich deuten. Dann hatte es im Palast des Kaisers tatsächlich Christen. Paulus redet schon früher im gleichen Brief davon, dass der Grund seiner Gefangenschaft im ganzen *Prätorium* bekannt geworden sei. Nun, die Prätorianer waren die Elitetruppe, die Leibwache des römischen Kaisers. Wenn man die Worte des Paulus ernstnimmt, dann ist das Christentum rund 30 Jahre nach dem Tod von Jesus bereits bis zur Schlafzimmertür des römischen Kaisers gelangt. Das ist doch etwas, was die Gemeinde in Philippi aufhorchen lässt. Sogar im Palast des Kaisers hat es Christinnen und Christen! Sogar dort wird jetzt der Name von Jesus genannt und in Gebeten angerufen! Nur wenig später wurde es dann aber dem römischen Kaiser Nero zuviel mit den Christen – und er schob ihnen die Schuld für den grossen Brand von Rom in die Schuhe. Er entledigte sich mit einem brutalen Rundumschlag. Das hier ist aber noch vorher. Herzliche Grüsse aus dem kaiserlichen Palast! Da bekommt man plötzlich den Eindruck, man gehöre zu einer ganz wichtigen Gruppe, die sogar im kaiserlichen Palast vertreten ist. Grüsse haben's in sich!

Grüsse von allen an alle. Die ganze Christenheit erscheint hier wie eine grosse Familie. Durch Christus sind Christen untereinander verbunden. Paulus sieht sich selber als Teil dieses riesigen Beziehungs-Netzes. Spüren wir das auch, dass wir selber Teil einer weltumspannenden Gemeinschaft sind? Unser Horizont als Christen kann nicht die Dorfgrenze, auch nicht die Kantons- oder Landesgrenze sein. Durch Christus sind wir verbunden mit Männern und Frauen, Kindern und Greisen in allen Erdteilen, in verschiedensten Situationen und in unterschiedlichsten Ausprägungen. Die Christenheit heute ist eine sehr bunte und vielgestaltige Gemeinschaft. Und ich, wir und unsere Kirchgemeinde sind ein Teil davon. Deshalb hören wir auch Berichte von Südamerika, deshalb sammeln wir für verschiedene Anliegen, deshalb richten die Kinder mit ihren Eltern zusammen Pakete für Rumänien und Portugal, deshalb singen wir mit den Relischülern, um einigen Sklaven im Südsudan die Freiheit zurückzugeben, deshalb spenden wir auch für den Bau eines Kirchgemeindehauses in Armenhaus Europas. Wir sind Teil einer weltweiten Gemeinschaft, die in Jesus Christus ihre Mitte hat.

Ich möchte noch kurz einen zweiten Gedanken aufgreifen, der sehr tröstlich ist, wenn es ans Abschiednehmen geht. Paulus schreibt der Gemeinde gegen Schluss dieses Briefes: *Mein Gott aber wird ausfüllen all Euren Mangel nach seinem Reichtum in der Herrlichkeit in Christus Jesus.* Das ist eine ganz wichtige Botschaft, die zum Abschied gehört. Denn wer sich einsetzt, der kommt auch immer wieder an seine Grenzen. Dort empfinden wir den eigenen Mangel, eigene Schwächen und Unzulänglichkeiten. Welcher Mitarbeiter in der christlichen Gemeinde könnte von sich sagen, es gäbe da bei ihm oder bei ihr gar keine Mängel? Ich kann es nicht – vielleicht geht es Ihnen auch so. Ich möchte noch viel kräftiger predigen als ich es heute tue. Ich möchte ein Mehrfaches an Menschen besuchen als es mir möglich ist. Ich habe Ideen, die meine Lebenszeit doppelt oder dreifach füllen würden.

Auch in der Mitarbeit in einer Kirchgemeinde – ehrenamtlich oder hauptberuflich - ist es nicht möglich, alle Ideen umzusetzen, alle Bedürfnisse zu stillen, alles zu lindern, was wir an Nöten sehen. Auch ein Kirchenpfleger, eine Kirchenpflegerin wird mit dem Gefühl zurücktreten, dass da noch manches unerledigt zurückbleibt neben viel Erfreulichem. Und

dann darüber die Gnade Gottes zu erkennen. Wir haben uns zweifellos eingesetzt. Gott selber wird ausfüllen, was als Mangel zurückbleibt.
Mein Gott aber wird all eurem Mangel abhelfen nach seinem Reichtum in Herrlichkeit in Christus Jesus. Gott aber, unserm Vater, sei Ehre von Ewigkeit zu Ewigkeit! Amen.

Lieber Yvonne, lieber Pierre, lieber Peter, lieber Franz,

wenn ihr vier heute aus dem Amt als Mitglieder der Kirchenpflege verabschiedet werdet, so denkt daran. Gott in seiner grossen Gnade wird ausfüllen, was als Mangel zurückbleibt. Und auch Euch schreiben wir ins Erinnerungsbuch: Herzliche Grüsse zum Abschied!!!

AMEN!

Printed by Books on Demand GmbH, Norderstedt / Germany